Gestão por Competências

O GEN | Grupo Editorial Nacional reúne as editoras Guanabara Koogan, Santos, Roca, AC Farmacêutica, Forense, Método, LTC, E.P.U. e Forense Universitária, que publicam nas áreas científica, técnica e profissional.

Essas empresas, respeitadas no mercado editorial, construíram catálogos inigualáveis, com obras que têm sido decisivas na formação acadêmica e no aperfeiçoamento de várias gerações de profissionais e de estudantes de Administração, Direito, Enfermagem, Engenharia, Fisioterapia, Medicina, Odontologia, Educação Física e muitas outras ciências, tendo se tornado sinônimo de seriedade e respeito.

Nossa missão é prover o melhor conteúdo científico e distribuí-lo de maneira flexível e conveniente, a preços justos, gerando benefícios e servindo a autores, docentes, livreiros, funcionários, colaboradores e acionistas.

Nosso comportamento ético incondicional e nossa responsabilidade social e ambiental são reforçados pela natureza educacional de nossa atividade, sem comprometer o crescimento contínuo e a rentabilidade do grupo.

Organização: Andrea Ramal

Gestão por Competências

Patricia Itala Ferreira

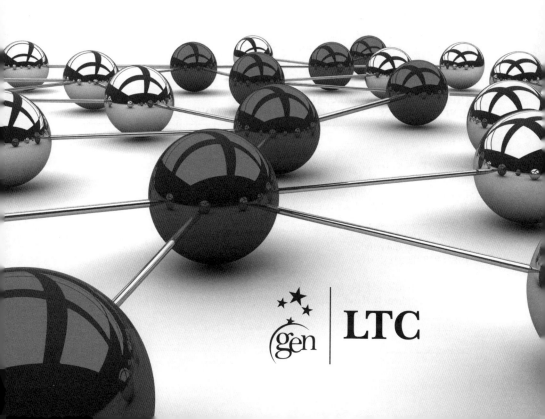

A autora e a editora empenharam-se para citar adequadamente e dar o devido crédito a todos os detentores dos direitos autorais de qualquer material utilizado neste livro, dispondo-se a possíveis acertos caso, inadvertidamente, a identificação de algum deles tenha sido omitida.

Não é responsabilidade da editora nem da autora a ocorrência de eventuais perdas ou danos a pessoas ou bens que tenham origem no uso desta publicação.

Apesar dos melhores esforços da autora, do editor e dos revisores, é inevitável que surjam erros no texto. Assim, são bem-vindas as comunicações de usuários sobre correções ou sugestões referentes ao conteúdo ou ao nível pedagógico que auxiliem o aprimoramento de edições futuras. Os comentários dos leitores podem ser encaminhados à **LTC — Livros Técnicos e Científicos Editora** pelo e-mail ltc@grupogen.com.br.

Direitos exclusivos para a língua portuguesa
Copyright © 2015 by
LTC — Livros Técnicos e Científicos Editora Ltda.
Uma editora integrante do GEN | Grupo Editorial Nacional

Reservados todos os direitos. É proibida a duplicação ou reprodução deste volume, no todo ou em parte, sob quaisquer formas ou por quaisquer meios (eletrônico, mecânico, gravação, fotocópia, distribuição na internet ou outros), sem permissão expressa da editora.

Travessa do Ouvidor, 11
Rio de Janeiro, RJ – CEP 20040-040
Tels.: 21-3543-0770 / 11-5080-0770
Fax: 21-3543-0896
ltc@grupogen.com.br
www.ltceditora.com.br

Capa: Leônidas Leite
Imagem: Joggi2002 | Dreamstime.com
Editoração Eletrônica: R.O. Moura

CIP-BRASIL. CATALOGAÇÃO-NA-FONTE
SINDICATO NACIONAL DOS EDITORES DE LIVROS, RJ

F443g

Ferreira, Patricia Itala
Gestão por competências / Patricia Itala Ferreira ; organização: Andrea Ramal. - 1. ed. - Rio de Janeiro : LTC, 2015.
il. ; 23 cm.   (MBA/Gestão de pessoas)

Apêndice
Inclui bibliografia e índice
ISBN 978-85-216-2917-7

1. Administração de pessoal. 2. Recursos humanos 3. Qualidade de vida no trabalho. I. Ramal, Andrea. II. Título. III. Série.

15-22105   CDD: 658.3
                            CDU: 005.95/.96

Apresentação da série

A gestão de pessoas vem se mostrando cada vez mais decisiva para que as empresas possam realizar as estratégias de negócio de um modo eficaz, destacando-se num mercado altamente competitivo.

Isso ocorre porque as organizações atuam num contexto com características peculiares: enorme velocidade na geração e circulação de informações, tecnologias a cada dia mais avançadas e, ao mesmo tempo, o esgotamento do modelo clássico de produção, rumo ao conceito de sustentabilidade, que supõe um novo modo de viver, produzir e trabalhar, que atenda às necessidades das gerações atuais, sem comprometer a qualidade de vida das gerações futuras.

O conhecimento – mais do que terra, capital ou trabalho – vem se tornando o fator-chave da produção e da geração de riqueza. E como conhecimento está nas pessoas, é delas que a organização precisa saber cuidar. É assim que se situa hoje, nesse cenário, a gestão de pessoas.

A gestão de pessoas inicia com a atração e seleção de talentos, após os objetivos estratégicos do negócio terem sido estabelecidos. O desafio, nesse momento, é descobrir os melhores talentos, seja no mercado ou até mesmo na própria organização, e atraí-los, evitando perdê-los para a concorrência.

O primeiro passo é identificar o perfil mais adequado à empresa, tanto em termos de comportamento como de conhecimento. Diversas são as técnicas que podem ser utilizadas para atrair e selecionar pessoas, e a utilização de redes sociais, bem como a análise das diversas gerações que coexistem no mercado de trabalho hoje em dia, é fator-chave de sucesso nesse processo.

Depois de atraídas, as pessoas precisam querer ficar na organização. Isso requer a montagem de mapas de carreira, avaliações de desempenho e alternativas criativas de remuneração, a fim de que as pessoas sejam recompensadas considerando sua contribuição real para o resultado do negócio.

Além disso, é de fundamental importância garantir que a legislação trabalhista e os acordos coletivos sejam conhecidos e respeitados.

Muitas vezes, para atrair bons profissionais, a remuneração não é tudo. As pesquisas mostram que cresce a quantidade de pessoas que busca, no exercício da profissão, outros benefícios associados a diversos aspectos tais como qualidade de vida, possibilidades de aprendizagem ou de ascensão em pouco tempo.

Assim, tão importantes quanto os processos de recrutamento e seleção, são aqueles relacionados com carreira e sucessão, remuneração, motivação, qualidade de vida, clima organizacional, desenvolvimento e liderança.

Um desafio a mais é o da escassez de pessoas qualificadas. Se por um lado as pessoas são tão importantes e decisivas, elas chegam à empresa muitas vezes sem a formação específica necessária para projetos altamente customizados, vinculados ao conhecimento crítico de cada organização.

Também, o modelo de desenvolvimento sustentável requer outro tipo de profissional que, tanto quanto a capacidade técnica, precisa ter valores e comportamentos condizentes com o contexto contemporâneo. Ele trabalhará em empresas que precisam cumprir as metas da produção, mas ao mesmo tempo reduzir os resíduos tóxicos, usar tecnologias limpas, reciclar materiais, ser empresas "de baixo carbono".

Por isso, faz parte da gestão de pessoas todo o processo de desenvolvimento de profissionais, a fim de, por um lado, muni-los das competências necessárias para implementar adequadamente as estratégias do negócio e, por outro, prepará-los para as possíveis oportunidades de sucessão em postos de liderança ou ainda para um crescimento na carreira em Y, opção cada dia mais comum em empresas altamente especializadas.

Esta série trata dos fatores-chave para gerenciar as pessoas na organização de hoje, em livros com uma linguagem acessível, exemplos e casos práticos que visam associar teoria e prática de forma a instrumentalizar o leitor a aplicar os conceitos apresentados em suas atividades diárias.

Profª Andrea Ramal
Doutora em Educação pela PUC-Rio

Apresentação da obra

A gestão por competências tem sido nos últimos anos um tema central no estudo e na prática de gestão de talentos. O conceito vem sendo discutido e estudado tanto em um âmbito macro, estratégico da gestão empresarial, quanto em processos específicos das áreas de gestão de pessoas.

O termo *competência* costuma ser empregado em situações diversas do cotidiano como, por exemplo, para nomear a qualificação de uma pessoa para determinado ofício ou mesmo para determinar o domínio ou *savoir-faire* de uma atividade. Porém, mais que um simples termo utilizado na vida diária, muito tem se discutido e teorizado sobre o conceito de "competência", assim como sua aplicação nos meios educacional, linguístico e empresarial.

Este livro, parte da série MBA | Gestão de Pessoas, trata da aplicabilidade do conceito de competência no ambiente empresarial e especificamente de como a gestão por competências se origina no planejamento estratégico das organizações e se desdobra nos subsistemas de Gestão de Pessoas, tais como: atração, seleção, desenvolvimento, educação corporativa, gestão e retenção de talentos, avaliação de desempenho, carreira e sucessão.

No ambiente corporativo contemporâneo não costumam ser escassos os debates sobre como atrair indivíduos detentores das competências necessárias para o atingimento dos resultados do negócio, como desenvolver e reter competências organizacionais e corporativas, como alavancar resultados desenvolvendo e consolidando competências individuais e em última instância como avaliar, reconhecer e remunerar com base em competências. Essas são algumas das preocupações mais legítimas de líderes e gestores de pessoas, às quais este livro certamente fornecerá bons *insights*, contribuições e até orientações nessa direção estratégica.

Não são raros também os desafios enfrentados na busca por identificar competências-chave para o sucesso dos objetivos empresariais, bem como estruturar processos que sustentem a aquisição e o desenvolvimento dessas competências. Tenho observado muitos esforços de organizações que, em busca de sucesso, empreendem uma jornada de mapeamento de competências como parte de uma agenda estratégica, a qual impacta diretamente nos processos e indicadores gerenciados pelas áreas de gestão de pessoas.

O processo de mapear e definir competências, sejam elas corporativas ou específicas por áreas de negócio, não costuma ser fácil, não apenas pela complexidade do processo, mas especialmente pelo comprometimento estratégico inerente no exercício. Exige reflexão, discussão, visão estratégica e domínio de conceito, na medida em que tem impactos significativos nos resultados organizacionais.

Profissionais da área de Gestão de Pessoas, líderes e gestores de pessoas terão especial interesse na abordagem que este livro oferece, o qual foi escrito de maneira muito bem fundamentada em teoria e vivência prática da autora na concepção e gestão de projetos em grandes corporações.

Tatyana de Oliveira Lima
Pedagoga e Mestre em Desenvolvimento de Recursos Humanos
pela Universidade de Lancaster, Inglaterra

Dedicatória

Aos meus pais, por tudo;

Ao meu irmão, por existir;

A todos da minha família, pela torcida e apoio;

Ao querido Pitty, fiel amigo de todas as horas;

Aos amigos, pelo apoio e carinho;

Aos clientes a quem assessorei, pelo aprendizado;

Aos alunos, fonte constante de desafio e aprendizado.

Agradecimentos

A minha família, sem a qual nada seria possível;

Aos profissionais que trabalharam comigo em projetos de Gestão por Competências, pela dedicação, parceria e amizade;

Aos clientes, que me ajudaram a aperfeiçoar o que é aqui apresentado;

A Andrea Ramal, organizadora da coleção, pelo convite.

Prefácio

$\acute{E}$ com grande prazer que redigi este livro, visto que simboliza o registro de meu aprendizado ao longo dos últimos sete anos em projetos que envolvem o conceito de competência em várias localidades de nosso país. Além de apresentar uma revisão bibliográfica sobre o assunto, compartilho, com o leitor, vários pontos importantes de minha atuação profissional, inclusive dicas e lições aprendidas, que espero que sejam úteis.

Este livro é composto por oito capítulos, que mesclam teoria e prática sobre alguns assuntos muito importantes no âmbito das organizações: Competências, Gestão por Competências e Gestão do Conhecimento. O planejamento instrucional do livro visa possibilitar que o leitor entenda a teoria e suas aplicações e seja capaz de adaptar a teoria à sua prática de trabalho. Antes de ser uma revisão bibliográfica exaustiva sobre os temas tratados, objetivou fornecer subsídios para a compreensão e a aplicação prática dos principais conceitos e ferramentas aqui abordados.

O Capítulo 1, **Contextualização**, apresenta a importância de haver uma atuação estratégica da área de Gestão de Pessoas e a relevância da realização do planejamento de pessoal, de análises quantitativas e qualitativas, considerando a missão, a visão, a estratégia e os valores das organizações.

No Capítulo 2, **O Que É Competência?**, são apresentados alguns conceitos e definições sobre a palavra *competência*, que possui múltiplos sentidos, inclusive em nosso dia a dia. Realizar um alinhamento do que significa competência é fundamental quando se pensa em desenvolver um projeto voltado à implantação de competências na organização.

O Capítulo 3, **Competências Organizacionais: básicas e essenciais**, apresenta as competências básicas e as essenciais. As primeiras são aquelas indispensáveis para a atuação da organização, contudo são as últimas que representam verdadeira vantagem competitiva, sendo um diferencial diante da concorrência. Guardam estreita relação com a estratégia empresarial, e delas são derivadas as demais competências.

No Capítulo 4, **Competências Humanas e de Gestão e Liderança**, são apresentadas as competências que os colaboradores da empresa precisam possuir ou desenvolver. Devem ser alinhadas às competências organizacionais e consideram o cargo ou processo em que o profissional atua. Existe ainda a diferenciação entre os papéis de líder e gestor, bem como das competências necessárias aos que ocupam tais posições.

O Capítulo 5, **O Processo de Mapeamento de Competências**, apresenta técnicas que podem ser utilizadas com essa finalidade. Não existe uma técnica que seja a melhor: vários fatores devem ser considerados antes de se escolher a mais adequada. As principais características das técnicas, bem como exemplos, são apresentadas ao leitor.

Em **Gestão de Pessoas por Competências**, Capítulo 6, são apresentados os principais impactos da utilização do conceito de competências nos subsistemas de Gestão de Pessoas, em especial nas atividades de seleção, avaliação de desempenho e potencial, carreira e sucessão, desenvolvimento/treinamento e remuneração.

No penúltimo capítulo, **Gestão por Competências e Gestão do Conhecimento**, retomamos o conceito de Gestão por Competência, definimos o que é a Gestão do Conhecimento e iniciativas nesse sentido e destacamos o relacionamento, a convergência necessária entre essas duas práticas de gestão.

O último capítulo, **Questões Práticas e Lições Aprendidas**, tem um foco eminentemente prático. Nele apresentamos dicas e lições que aprendemos durante o trabalho de mapeamento de competências ao longo dos anos. Trata-se de um *checklist* de pontos que precisam ser considerados por aqueles que pretendem implantar as práticas aqui apresentadas.

A fim de permitir ao leitor a articulação da teoria à prática, ao longo dos capítulos haverá exercícios, que podem ser divididos em quatro categorias, como se segue:

- **Estudo de Caso:** relata a história de Felipe, profissional de Recursos Humanos que, ao ingressar em uma nova empresa, resolve entender melhor a Gestão por Competências e seu impacto nos subsistemas de Gestão de Pessoas. Apresenta as informações que Felipe vai descobrindo sobre a Typpit ao longo do trabalho e convida o leitor a ajudar nosso personagem na realização de tarefas que possibilitarão a implantação da Gestão por Competências.
- **Exercícios de Aplicação:** são exercícios distribuídos ao longo dos capítulos que permitem a aplicação dos conhecimentos apresentados

nos capítulos à sua prática de trabalho. Caso o leitor não trabalhe, deve procurar identificar essas informações junto a familiares, amigos ou publicações especializadas.
- **Teste Seu Conhecimento:** são exercícios de fixação disponibilizados ao final dos capítulos para facilitar a interiorização e a prática dos conceitos apresentados. As respostas seguem ao final do livro.
- **Para Pensar:** são questionamentos e reflexões para pensar ou repensar práticas vivenciadas ou observadas pelo leitor.

Ao longo dos capítulos existem também as seções **Vale Saber**, às quais são agregados informações interessantes, curiosidades, exemplos ou atualidades relacionados com os temas tratados ao longo dos capítulos.

O leitor conta ainda com os **Resumos Executivos** ao término de cada unidade para auxiliar na fixação dos principais conteúdos abordados.

Os **Apêndices** apresentam exemplos de perguntas que podem ser utilizadas em entrevistas comportamentais, modelos de avaliação de desempenho por competências, bem como as respostas dos exercícios de fixação (**Teste Seu Conhecimento**) que seguem ao final dos capítulos. Por último é possível ter acesso à **Bibliografia** utilizada pela autora, na qual se pode identificar obras correlatas aos temas desenvolvidos neste livro.

Boa leitura!

A Autora

Sumário

Apresentação da série v
Apresentação da obra vii
Dedicatória ix
Agradecimentos x
Prefácio xi

Capítulo 1 – Contextualização 1
Vamos acompanhar a explicação? 3
Estratégia 5
Planejamento estratégico de pessoal 10

Capítulo 2 – O Que É Competência? 17
Competências: definição 19
Valor de uma competência 22

Capítulo 3 – Competências Organizacionais: básicas e essenciais 29

Capítulo 4 – Competências Humanas e de Gestão e Liderança 43
Competências humanas ou individuais 45
Competências de gestão e de liderança 55

Capítulo 5 – O Processo de Mapeamento de Competências ... 65
Análise documental e observação 68

Questionário 69
Grupos focais ou entrevistas 72

Capítulo 6 – Gestão de Pessoas por Competências **91**
Seleção 93
Avaliação de desempenho e de potencial 101
   Avaliação de desempenho 101
   Avaliação de potencial 106
Aprendizagem 110
   Trilhas de desenvolvimento 112
   Educação corporativa 123
   Diagnóstico de necessidades de capacitação 127
Carreira e sucessão 131
Remuneração 137
   Remuneração estratégica 138
   O modelo de remuneração por competências 140

Capítulo 7 – Gestão por Competências
              e Gestão do Conhecimento **147**
O que é a gestão do conhecimento? 149
Transferência e compartilhamento de conhecimentos 155

Capítulo 8 – Questões Práticas e Lições Aprendidas **165**

Apêndice A – Exemplos de Perguntas Comportamentais **173**

Apêndice B – Formulário de Avaliação de Competências **177**

Apêndice C – Teste Seu Conhecimento – Respostas **181**

Bibliografia **199**

Índice **205**

Capítulo 1

Contextualização

ESTUDO DE CASO

Felipe atua na área de Gestão de Pessoas há alguns anos e acabou de ser contratado para atuar em uma empresa familiar que vem crescendo muito e está profissionalizando sua administração. A empresa, Typpit, conta com um quadro funcional altamente qualificado, visto que atua em um nicho de mercado muito específico e técnico, mas vem perdendo muitos colaboradores para seus concorrentes. A empresa atua em vários estados do Brasil, possuindo filiais no Sudeste, Sul, Norte e Nordeste do país.

Felipe sempre ouviu falar na Gestão por Competências, mas nunca entendeu direito o que era isso, quais seus fundamentos e principais implicações para os processos e atividades de gestão de pessoas. Resolveu, então, conversar com um profissional mais experiente, com anos de atuação na implantação de projetos dessa natureza, e convidou Patricia para algumas conversas. O primeiro pedido que Felipe fez foi:

"Por favor, me explique o que é a Gestão por Competências, tanto a teoria como a forma como as empresas vêm atuando nesse modelo."

⦿ Vamos acompanhar a explicação?

O conceito de competência e como implementar a gestão por competências tem sido um tema bastante discutido tanto no ambiente acadêmico como no empresarial. O "apagão de mão de obra" tem sido um discurso comum em congressos, seminários, na mídia e em nossos próprios locais de atuação. A dificuldade em contratar profissionais com conhecimentos, habilidades e atitudes para atuar nas organizações tem sido o pesadelo de muitos profissionais que atuam na área de gestão de pessoas. Quem não tem ou teve uma vaga em aberto e não conseguiu preenchê-la (ou demorou muito tempo para fazê-lo) por falta de profissionais com perfil adequado? Esse cenário pode ser encontrado em organizações de diferentes portes e segmentos e em inúmeras localidades. Uma situação assim já aconteceu com você?

Diante desse cenário, os departamentos de Gestão de Pessoas estão tendo que repensar o foco de sua atuação. Além de mapear, contratar, reter e remunerar talentos, faz-se necessário identificar, desenvolver e analisar ações educacionais (ou ações de treinamento e desenvolvimento) adequadas às necessidades dos cargos, focando a estratégia da organização ("O que a empresa faz?" "Qual seu objetivo?" "Para onde a empresa quer ir?"). No passado, as ações educacionais eram voltadas, quase exclusivamente, às necessidades individuais dos cargos. Atualmente, contudo, as ações tendem a estar cada vez mais vinculadas à estratégia da organização.

Não é de hoje que se ouve falar que, na era do conhecimento, as pessoas são o ativo mais valioso. Identificar e gerir bem os talentos, organizar e disseminar o conhecimento, identificar, desenvolver e gerenciar as competências críticas são ações-chave para potencializar o capital intelectual da empresa. Para alcançar esse objetivo, deve-se, entre outras medidas, instalar na organização uma mentalidade de aprendizagem contínua, promovendo processos de aprendizagem eficazes. Gestão por Competências, Gestão do Conhecimento e Aprendizagem Organizacional são alguns dos desafios que se apresentam para os profissionais que atuam com Gestão de Pessoas (GP). Além disso, selecionar profissionais, remunerá-los e avaliá-los em conformidade com suas entregas para a organização, com o valor que agregam, passaram a ser um imperativo para muitas empresas.

Em outras palavras, a área de GP tem sido desafiada a estabelecer uma maior sintonia com as estratégias corporativas. Muitas das políticas e práticas tradicionalmente adotadas não respondem de forma adequada às necessidades do mundo atual, em que o ser humano não pode mais ser considerado um mero recurso produtivo, apenas mais um dentre tantos outros "recursos". Na chamada sociedade do conhecimento, uma nova postura é necessária para que as organizações possam aproveitar o potencial criativo e inovador de seus funcionários.

É importante que o profissional que atua em GP perceba e amplie seu leque de atuação e seus conhecimentos, visto que precisa ter sua visão ampliada, agregando, em sua atuação, conceitos sobre Administração, Pedagogia e Psicologia, Gestão de Projetos, além de uma visão sobre todos os subsistemas de Gestão de Pessoas e não apenas aquele em que atua. Na sequência, iremos entender um pouco mais sobre a relação entre a Gestão por Competências e a estratégia da organização.

◉ Estratégia

Hoje em dia já é até comum as empresas planejarem e divulgarem informações sobre sua estratégia. A estratégia, contudo, ainda vincula-se, muitas vezes, apenas ao contexto externo, ao mercado (concorrentes, fornecedores, clientes, variáveis político-legais, socioculturais, ambientais, entre outras). Um olhar para "dentro", para o quadro de pessoal da organização, em termos tanto quantitativos como qualitativos, deve ser considerado um fator crítico de sucesso no alcance de qualquer estratégia. É difícil obter êxito em um planejamento se as pessoas que estão incumbidas de realizá-lo, de fazer com que ele traga os resultados esperados, não estão recebendo a merecida atenção. A figura que segue representa, em termos gerais, as análises necessárias na formulação dos objetivos de uma organização.

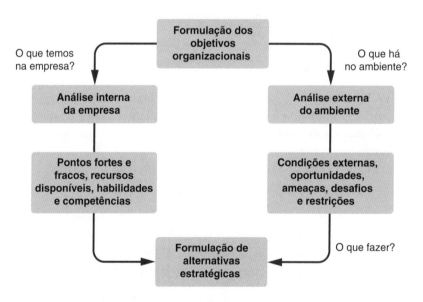

Bases do planejamento estratégico

Um importante instrumento analítico que pode ser utilizado para a realização do planejamento estratégico é a matriz SWOT (*Strengths, Weaknesses, Opportunities* e *Threats*), que ressalta a importância de recolher dados relativos ao ambiente tanto interno (forças e fraquezas) quanto externo (oportunidades e ameaças) da empresa a fim de que a estratégia possa ser planejada considerando um cenário mais amplo.

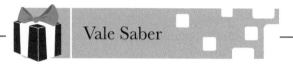

> **Vale Saber**
>
> A matriz SWOT foi desenvolvida na Universidade de Stanford e se transformou em um exercício/método/instrumento utilizado por muitas empresas na formulação de suas estratégias. SWOT é uma sigla que significa:
>
> | | | |
> |---|---|---|
> | S | → | *Strengths* (Forças), |
> | W | → | *Weaknesses* (Fraquezas), |
> | O | → | *Opportunities* (Oportunidades), |
> | T | → | *Threats* (Ameaças). |
>
> Também é conhecida como análise/matriz FOFA, após tradução para a língua portuguesa.

A SWOT é uma ferramenta utilizada para fazer análise ambiental, podendo representar a base da gestão e do planejamento estratégico numa organização. Como é uma ferramenta simples, pode ser utilizada para qualquer tipo de análise de cenário.

Visualmente, a matriz SWOT é representada da seguinte forma:

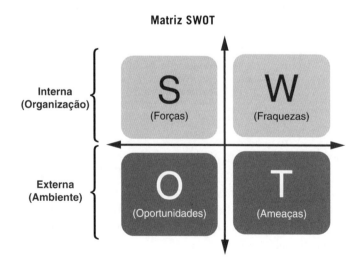

Como a análise é feita? Cada letra representa um tipo de análise, tal qual detalhado na sequência:

- *Strengths* **(Forças)**: vantagens internas da organização em relação às concorrentes. Exemplo: qualidade do produto, bom serviço ao cliente, solidez financeira, entre outros.
- *Weaknesses* **(Fraquezas)**: desvantagens internas da organização em relação aos concorrentes, como, por exemplo: alto custo de produção, instalações inadequadas, alto *turnover* (rotatividade de pessoas) e ausência de uma área de Gestão de Pessoas.
- *Opportunities* **(Oportunidades)**: aspectos externos positivos que podem potencializar a vantagem competitiva da empresa. Exemplo: falência de concorrente, políticas fiscais vantajosas, crescimento do mercado consumidor, entre outros.
- *Threats* **(Ameaças)**: aspectos externos negativos que podem colocar em risco a vantagem competitiva da empresa, como por exemplo: novos competidores, legislação restritiva à comercialização do produto ou serviço vendido/prestado pela empresa, entre outros.

É necessário realizar uma análise SWOT cruzada, ou seja, combinar as informações dos quatro quadrantes para obter uma "moldura", um ou mais cenários que permitam delinear as estratégias para o futuro da organização. É preciso fazer uma análise do ambiente tanto interno como externo, ou seja, pesquisar profundamente as forças e fraquezas (interno) e saber identificar as oportunidades e ameaças (externo). Para cada cruzamento é importante criar objetivos/estratégias, tal qual retratado na figura a seguir.

Análise SWOT cruzada: estratégias

Pontos fortes × oportunidades	Pontos fortes × ameaças	Pontos fracos × oportunidades	Pontos fracos × ameaças
Estratégia ofensiva / desenvolvimento das vantagens competitivas.	Estratégia de confronto para modificação do ambiente a favor da empresa.	Estratégia de reforço para poder aproveitar melhor as oportunidades.	Estratégia defensiva com possíveis modificações profundas para proteger a empresa.

Vale Saber

Existem várias ferramentas que podem ser utilizadas no processo de planejamento estratégico, como, por exemplo, o *design thinking*, que é uma abordagem para solução de problemas complexos e geração de inovação com base no pensamento crítico e criativo.

Ficou interessado em conhecer mais sobre o assunto? No *link* a seguir você pode fazer o *download* do livro *Design thinking: inovação em negócios*, de Ysmar e Mauricio Vianna, Isabel Adler, Brenda Lucena e Beatriz Russo.
http://livrodesignthinking.com.br/ (Acesso em: out. 2014.)
Vale a pena ler.

A área de Gestão de Pessoas normalmente pode ser associada a muitos dos pontos fortes ou fracos provenientes da análise interna. Além disso, na dependência da oportunidade ou da ameaça identificada no ambiente externo, pode ser necessária uma atuação diferenciada em relação aos talentos da organização. A figura que se segue ilustra a relação entre a Estratégia da Empresa, sua Cultura Organizacional, Missão, Visão e Valores.

Quais as capacidades necessárias para atingir os objetivos?
Quais os *gaps* existentes e as ações recomendadas?

Sistema de gestão de competências

Além de impactar no processo de crescimento futuro da organização, as competências também precisam ser identificadas e desenvolvidas a fim de suprir algum eventual *gap* que exista em termos de atingimento dos objetivos de curto prazo.

O desenvolvimento de competências associado à estratégia da empresa ultrapassa o curto e o médio prazo e abrange o futuro que a empresa quer construir. Quando abordamos competências sob esse ponto de vista, estamos falando do processo de Gestão por Competências, que deve perpassar todos os subsistemas de Gestão de Pessoas.

A Gestão por Competências visa alinhar esforços para que as competências humanas possam gerar e sustentar as competências organizacionais necessárias à consecução dos objetivos estratégicos da organização (dimensões de curto, médio e longo prazos).

É cada vez maior o interesse das organizações na adoção da Gestão por Competências como modelo de gestão, visando orientar seus esforços para planejar, captar, desenvolver e avaliar as competências necessárias à consecução de seus objetivos.

O ponto de partida deve ser a formulação da estratégia organizacional, a definição de sua missão, visão e objetivos. Em seguida, parte-se para a identificação das competências organizacionais necessárias à consecução dos objetivos estabelecidos. São também definidos indicadores de desempenho, medidas da eficiência ou da eficácia das ações que devem ser postas em prática a fim de se concretizar a visão de futuro.

É também necessário realizar um diagnóstico das competências humanas, identificar o *gap* entre as competências necessárias à consecução dos objetivos estratégicos e as disponíveis na organização. Com base no resultado do diagnóstico são tomadas decisões de investimento no desenvolvimento e/ou na captação de competências. Ações de captação consistem na identificação e aquisição e integração de competências de fora da empresa tanto em nível individual (recrutamento e seleção de pessoas, por exemplo) como organizacional (*joint-ventures* ou alianças estratégicas, por exemplo). Ações de desenvolvimento ou de treinamento visam ao aprimoramento das competências já disponíveis na organização, tanto em nível individual (treinamento) como em nível organizacional (investimentos em pesquisa e desenvolvimento).

Depois da realização e utilização do diagnóstico para a tomada de decisão, podem ser formulados planos operacionais e de gestão e respectivos indicadores de desempenho e de remuneração. A fim de controlar o processo, é necessário haver um acompanhamento e uma avaliação que possibilite comparar os resultados alcançados com os esperados (previsto × realizado). A figura apresentada na sequência resume esse processo.

Estratégia empresarial e gestão por competências

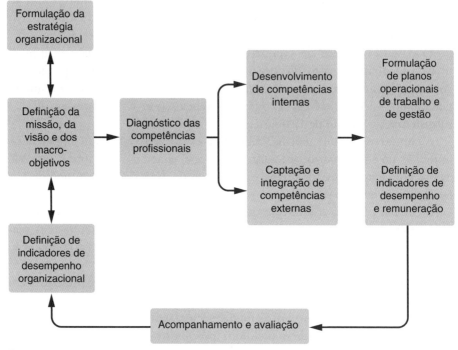

Fonte: adaptado de Brandão e Guimarães (2001).

Vamos entender melhor a relação entre a Gestão por Competências e o Planejamento Estratégico de Pessoal.

⦿ Planejamento estratégico de pessoal

Planejar a área de Gestão de Pessoas é fundamental, pois o ambiente empresarial está cada vez mais exigente e rigoroso com as organizações. Não há mais espaço para instituições que seguem modelos de gestão antiquados. O equilíbrio dinâmico entre as dimensões interna e externa é fundamental para que seja possível sobreviver e até antever, ou mesmo provocar, as mudanças, que estão cada vez mais rápidas, constantes e significativas.

Fazer um planejamento da área de GP que se integre com o negócio e inclua preocupação com o futuro é primordial, como temos destacado aqui.

Segundo Lucena (2004), o processo de planejamento de pessoal consiste na identificação e análise das necessidades organizacionais de pessoal e o consequente desenvolvimento de políticas, programas e atividades que satisfaçam essas necessidades, em curto, médio e longo prazos, para assegurar a realização das estratégias do negócio e dos objetivos da organização, permitindo sua continuidade, em especial em condições de mudança.

Conseguir relacionar o planejamento de pessoal com o planejamento estratégico do negócio possibilita que os objetivos da empresa sejam mais facilmente alcançados.

Embora a área de Gestão de Pessoas não seja diretamente responsável por receita, ou seja, não seja gerado lucro, quando bem planejada e executada pode contribuir para tal. Criar valor adicional é uma questão de saber lidar com as pessoas e obter delas o máximo de rendimento, tanto para o desenvolvimento organizacional quanto para o pessoal. Quando se fala em planejamento de pessoal o foco se amplia para todas as áreas da empresa, pois, na maioria das vezes, o atingimento das metas de cada área depende de pessoas. A figura que segue apresenta o "cascateamento", a relação de interdependência que deve haver entre o planejamento do negócio e o de pessoal.

Relação entre planejamento empresarial e de pessoal

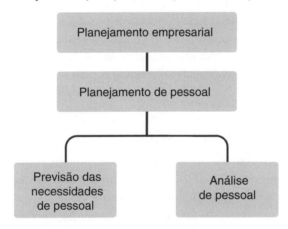

Para que o planejamento de pessoal possa caminhar lado a lado com o planejamento empresarial é necessário que exista, considerando os objetivos estratégicos do negócio, uma análise do pessoal já existente na organização, tanto em termos quantitativos (*headcount*, *turnover* e absenteísmo, distribuição do pessoal por faixa etária, entre outros) como qualitativos (avaliação de desempenho e de potencial, planos de sucessão e capacitação, entre outros) a fim de identificar e corrigir qualquer eventual *gap* atual ou futuro em termos de necessidade de pessoal. Pode-se, dessa maneira, agir de forma preventiva e não reativa, já preparando as condições necessárias para o atingimento dos planos de curto, médio e longo prazos da organização com foco em pessoas.

> ## Para Pensar
>
> Imagine que você trabalha na área de Gestão de Pessoas de uma empresa que atua na fabricação de biscoitos. Você sabe que a área de produção está trabalhando para implantar uma nova linha, um novo produto. Já imaginou saber, de um dia para o outro, que você precisa recrutar, selecionar e desenvolver 50 pessoas em 7 dias? Para evitar "apagar incêndios" como esse, é importante que a área de Gestão de Pessoas participe e conheça o planejamento estratégico da empresa e tático das áreas. Você possui essas informações sobre a empresa em que atua?

É importante ainda analisar o ambiente e o mercado de trabalho, considerando, por exemplo, aspectos da conjuntura econômica, política, social e de relações trabalhistas que possam afetar as ações estratégicas de gestão de pessoas. Além disso, deve-se identificar necessidades de desenvolver programas voltados para atender as carências apresentadas pelo mercado de trabalho.

> ## ▷ EXERCÍCIO DE APLICAÇÃO
>
> Imagine que a organização em que você atua pretende abrir uma filial ou fábrica em determinada localidade no interior, em uma cidade distante da capital. Que questões devem ser levantadas, considerando o ambiente e o mercado de trabalho? Que impactos essas questões podem trazer para o planejamento estratégico?
>
> _____
> _____
> _____
> _____

O principal objetivo da análise de pessoal é analisar quantitativa e qualitativamente o quanto a empresa dispõe de pessoal para suprir suas necessidades de curto, médio e longo prazos, bem como identificar carências de capacitação profissional e de desenvolvimento de pessoal.

Na análise quantitativa, alguns estudos que devem ser feitos são: distribuição da mão de obra existente por área e por tempo de empresa; distribuição dos empregados por tempo no cargo; distribuição dos empregados por idade; distribuição dos empregados por nível de escolaridade; *turnover* (rotatividade de pessoal), quadro geral de remuneração.

Vale Saber

A rotatividade de pessoal ou *turnover* representa o movimento de entrada e saída de pessoas da organização. Pode se dar tanto por iniciativa da empresa como por iniciativa do empregado. Várias são as formas para mensurar o *turnover* na dependência do objetivo da análise, ou seja, de qual fenômeno se quer compreender. Abaixo seguem três das formas de fazer esse cálculo:

1) Considerando admissões e demissões:

[(Número de Demissões + Número de Admissões) / 2] / Efetivo Médio no Período

2) Considerando apenas demissões (tanto por iniciativa da empresa como do empregado):

Número de Demissões / Efetivo Médio no Período

3) Considerando apenas desligamento por iniciativa do empregado:

Número de Demissões por iniciativa do empregado / Efetivo Médio no Período

- Observação: O cálculo do efetivo médio no período pode ser realizado de diferentes formas. Abaixo seguem dois exemplos.

Exemplo 1: (Efetivo no início do período + Efetivo no final do período) / 2 ou

Exemplo 2: (Efetivo Mês 1 + Efetivo Mês 2 + Efetivo Mês 3 + Efetivo Mês N) / N

Já nas análises qualitativas merecem destaque os seguintes estudos: avaliação de desempenho; identificação de potencial; avaliação de capacitação profissional, histórico dos empregados e planos de carreira, que iremos detalhar em outro ponto do livro.

No atual cenário, em que novos atributos profissionais ganham crescente importância, é relevante adotar um novo direcionamento nos esforços de Gestão de Pessoas, e a Gestão por Competências vem ao encontro dessa necessidade, e, talvez por isso, venha sendo adotada ou considerada em diversas organizações. Quando se fala sobre planejamento estratégico de pessoal, não há como não o associar com a Gestão por Competências, visto tratar-se de um processo contínuo e alinhado com as estratégias organizacionais. Sua adoção implica redirecionamento das ações tradicionais da área de GP, tais como recrutamento e seleção, treinamento, gestão de carreira, avaliação de desempenho, carreira, sucessão e remuneração. Também implica a formalização de alianças estratégicas com as áreas – ou de negócio ou de suporte – para mapeamento, capacitação e desenvolvimento das competências necessárias ao alcance dos objetivos.

O mapeamento/identificação, o desenvolvimento e a avaliação de competências, organizacionais ou humanas (conceitos que serão detalhados mais adiante no livro), devem ser direcionados pelas aspirações estratégicas da

ESTUDO DE CASO

Felipe achou muito interessante o conceito de Gestão por Competências e nunca pensou em sua relação com a estratégia da empresa e com o planejamento estratégico de pessoal. Outro ponto que chamou sua atenção foi o fato de a área de GP, nesse modelo de gestão, ser, de fato, voltada para a estratégia da empresa, com foco no longo prazo. Felipe não aguenta mais sua atuação de "apagador de incêndios" com foco apenas no curto prazo, e ficou ainda mais empolgado. Ele, contudo, ainda estava com muitas dúvidas sobre a forma como a Gestão por Competências pode ser implantada na empresa Typpi e quis conhecer um pouco melhor o conceito ou conceitos de competência.

empresa, ou seja, aonde ela quer chegar. Devem responder a seguinte pergunta: quais são os conhecimentos, as habilidades e as atitudes que a empresa precisa ter, desenvolver, avaliar e recompensar para competir no mercado em que atua ou pretende atuar?

Resumo Executivo

- O conceito de competência e como implementar a gestão por competências tem sido um tema bastante discutido nas universidades e empresas.

- O "apagão de mão de obra", falta de profissionais capacitados em termos de conhecimentos, habilidade e atitudes, tem sido um impulsionador da Gestão por Competências.

- Necessidade da área de GP de estabelecer uma maior sintonia com as estratégias corporativas.

- O profissional que atua em GP deve possuir conhecimentos sobre Administração, Gestão de Projetos, Psicologia e Pedagogia, além de uma visão sobre todos os subsistemas de Gestão de Pessoas.

- Matriz SWOT ou FOFA: ferramenta para análise do ambiente interno (forças e fraquezas) e externo (oportunidades e ameaças) para a elaboração da estratégia da empresa.

- O desenvolvimento de competências associado à estratégia da empresa considera o curto, o médio e o longo prazo.

- Importância da definição da Missão, Visão e Objetivos da Organização para a Gestão por Competências.

- É primordial fazer um planejamento da área de GP integrado ao negócio e que inclua preocupação com o futuro.

- No planejamento estratégico de pessoal são importantes análises quantitativas e qualitativas do quadro de colaboradores.

Teste Seu Conhecimento

Vamos verificar o que você aprendeu e fixar alguns dos conceitos mais importantes apresentados até aqui?

Caso a pergunta se refira a experiência profissional e você não a tenha, converse com amigos e familiares, pesquise em publicações especializadas ou então apresente seu ponto de vista tendo como base o conteúdo aprendido neste capítulo. Algumas sugestões de resposta seguem ao final do livro.

1. O que é "apagão de mão de obra"?
2. Qual das opções a seguir você considera correta?
   ( ) As pessoas são recursos produtivos, tal qual os demais.
   ( ) As pessoas representam um importante ativo para as organizações e não devem, portanto, receber o mesmo tratamento que um recurso.
3. Quais são os principais conhecimentos que um profissional que atua em GP precisa ter?
4. O que é e qual a importância da Matriz FOFA para a Gestão por Competências?
5. Complete a frase: "A gestão por competências visa a alinhar esforços para que as competências humanas possam gerar e sustentar..."
6. Qual é o ponto de partida para a Gestão por Competências?
7. Defina o que é o processo de planejamento de pessoal.
8. Para que o planejamento de pessoal possa caminhar lado a lado com o planejamento empresarial, é necessário que sejam feitas análises sobre o quadro de pessoal da empresa. Quais análises seriam essas?
9. Dê três exemplos de análises qualitativas que a área de Gestão de Pessoas deve promover em relação ao quadro de empregados.
10. O que é *turnover*, e qual seu impacto para o planejamento de pessoal?

Capítulo 2

O Que É Competência?

ESTUDO DE CASO

Felipe, apesar de nunca haver trabalhado com o conceito de competência, já tinha lido bastante sobre o assunto. Contudo, achava o que lia confuso, teórico e de difícil aplicação. A próxima pergunta que fez foi:
- Como faço para implantar a gestão por competências aqui na empresa?

Patricia sorriu para Felipe e perguntou:
- Felipe, responda, por favor:
   • O que é competência?
   • É possível desenvolvê-la ou é algo inato?
   • Que tipos de competência existem?
   • Como identificar as competências?

Felipe não conseguiu responder aos questionamentos e percebeu que talvez o assunto fosse um pouco mais complexo do que havia imaginado. Pediu, então, explicações sobre esses termos.

Vamos acompanhar a explicação?

⦿ Competências: definição

O conceito de competência começou a ser evidenciado no início da década de 1970, com David McClelland, que foi pioneiro em pesquisas e estudos de avaliação de competência. O autor, na época, trabalhava para o governo americano e participava de um processo de seleção de pessoal para o Departamento de Estado. Em 1973, McClelland publicou um artigo com o título "Testando por Competência em vez de Inteligência" (*"Testing for Competence Rather Than Intelligence"*), em que afirmava que os testes tradicionais de conhecimento e inteligência – os testes de QI – possuíam deficiências, tais como: não eram capazes de predizer se uma pessoa teria sucesso no trabalho e na vida e favoreciam preconceitos contra minorias, mulheres e pessoas de nível socioeconômico inferior.

Por isso, criou um método de avaliação para tentar identificar variáveis de competências que pudessem predizer êxito nas atuações no trabalho e na vida das pessoas de forma que a seleção fosse feita sem discriminação de sexo, cor ou condição social.

A partir daí os estudos e teóricos que abordaram o tema só aumentam, sem, contudo, haver um consenso sobre o significado de competência e sobre sua aplicação no âmbito empresarial. Na dependência da utilização, um ou outro conceito pode ser utilizado, o que acaba gerando uma confusão de entendimento quando se fala sobre "competência". Não será nosso objetivo aqui fazer uma revisão da literatura sobre o assunto, mas sim apresentar conceitos que, em conformidade com a prática, aplicamos de forma bem-sucedida em nossos projetos, assim como apresentar conceitos diferentes do nosso, mas que também têm sido utilizados.

Podemos dizer que competência é a capacidade de mobilizar um conjunto de recursos cognitivos (saberes, capacidades, informações etc.) para solucionar adequadamente uma série de problemas. Reflete os conhecimentos, as habilidades e as atitudes que precisam ser colocados em prática para se atingir um determinado objetivo. Orientar-se em uma cidade desconhecida, por exemplo, mobiliza os seguintes conhecimentos, habilidades e atitudes:

Orientação em cidade: CHA

Conhecimentos	Habilidades	Atitudes
Escala e referências geográficas	Ler mapa	Pedir informações

Dirigir um veículo de pequeno porte, um carro de passeio, por outro lado, mobiliza os seguintes conhecimentos, habilidades e atitudes:

Direção de veículo: CHA

Conhecimentos	Habilidades	Atitudes
Legislação de trânsito	Manuseio de freios, embreagem e volante	Pegar o carro para dirigir

É possível perceber, em ambos os exemplos, a importância tanto dos conhecimentos quanto das habilidades e das atitudes que são postas em ação para o atingimento de uma determinada meta ou objetivo. Retomando a explicação com outro exemplo: quem não conhece alguém que, apesar de ter o conhecimento de legislação de trânsito, a habilidade de manuseio de freios, embreagem e volante, não tem a atitude de pegar o carro e dirigir, talvez por já ter sofrido um acidente de carro ou ter algum trauma em relação ao assunto? Sempre que falamos em competência, devemos lembrar:

Voltemos ao exemplo sobre direção de veículo: imagine um grupo de amigos passeando de carro em uma cidade desconhecida. Por estarem muito acostumados a esse tipo de aventura, conseguem interpretar os mapas das estradas perfeitamente, sabem acompanhar referências geográficas, porém não conseguem chegar a seu destino. Como podemos verificar, eles possuem o conhecimento e a habilidade necessários para atingirem o objetivo desejado, mas não conseguem e estão perdidos. Por quê? Porque lhes falta um componente muito importante da competência: a atitude de parar e pedir informações, orientações sobre como chegar ao destino (FERREIRA, 2012).

Uma competência não é apenas um saber, um conhecimento, nem é apenas uma habilidade, um saber fazer; nem apenas uma atitude, uma vontade de querer fazer. Uma competência é um somatório do conhecimento, da habilidade e da atitude e considera a agregação de valor e a entrega que o profissional faz para a empresa. Ficou claro o conceito? Vamos explicá-lo de outra forma.

Segundo autores como Bloom *et al.* (1979) e Davis & Botkin (1994), o conhecimento refere-se a informações que são reconhecidas e integradas pela pessoa em sua memória, causando impacto sobre julgamentos ou comportamentos. É a "bagagem" que a pessoa acumulou ao longo da vida, lembranças de conceitos, ideias ou situações. Já a habilidade é a aplicação do conhecimento, a capacidade da pessoa de acionar conhecimentos armazenados na memória e utilizá-los em uma ação; podem ser classificadas de várias formas, como intelectuais, quando abrangem processos mentais (organização e reorganização de informações), ou motoras ou manipulativas, quando exigem, fundamentalmente, uma coordenação neuromuscular. A atitude, por sua vez, refere-se a aspectos sociais e afetivos; são sentimentos ou predisposições que orientam a conduta em relação aos outros, a situações e a trabalhos.

Gramigna (2007) utiliza a metáfora da "árvore de competências", uma vez que acredita que o desenvolvimento de competências de uma pessoa pode ser comparado ao processo de crescimento de uma árvore. O tronco e os galhos correspondem ao conhecimento, ao conjunto de informações que a pessoa armazena e utiliza quando necessário. A raiz corresponde às atitudes, o conjunto de valores, crenças e princípios que são aprendidos ao longo da vida e que impactam o grau de envolvimento e comprometimento com o trabalho. Já a copa representa as habilidades, o agir com talento, a capacidade e técnica, que permitem a obtenção de resultados positivos no trabalho. Para a autora, competências seriam características genéricas que podem ser desdobradas em atitudes, conhecimentos e habilidades.

Rabaglio (2008) e Ruas (2007) diferenciam as competências em técnicas e comportamentais. Quando abordarmos seleção por competências, detalharemos um pouco mais a concepção desses autores.

As competências também possuem um valor, em conformidade com determinados indicadores. Vamos entender um pouco mais sobre isso na sequência.

⦿ Valor de uma competência

Outro ponto muito discutido é como mensurar o valor de uma competência. King, Fowler e Zeithaml (2002) sugerem quatro aspectos que podem auxiliar a determinar o valor de uma competência como fonte de vantagem competitiva sustentável: o caráter tácito, a robustez, a fixação e o consenso. Ao analisar esses aspectos, é possível obter uma visão da força das competências existentes na empresa e identificar os principais pontos de vulnerabilidade.

Como determinar o valor de uma competência?

Valor de uma competência			
Caráter tácito	Consenso	Fixação	Robustez

Vamos entender cada um dos itens que permitem a valoração de uma competência.

O **caráter tácito** diz respeito a até que ponto uma competência representa um conhecimento, uma habilidade ou atitude que resiste à codificação e à divulgação. As competências se encontram em algum ponto entre o explícito e o tácito. Mas o que isso quer dizer? As competências explícitas podem ser divididas em partes ou codificadas e podem ser divulgadas verbalmente ou na forma escrita. As competências tácitas baseiam-se em conhecimentos mais intuitivos, de mais difícil transmissão, e são importantes para a vantagem competitiva porque são específicas em relação ao contexto, sendo mais difíceis de ser imitadas pelos concorrentes. As competências explícitas, por outro lado, podem ser reproduzidas com facilidade, inclusive em outros ambientes, e apresentam pouca ou nenhuma vantagem competitiva. Entender os conceitos de conhecimento tático e explícito pode ajudar a melhor compreender o assunto.

- **Conhecimento tácito:** é aquele advindo da experiência. É físico, subjetivo, pessoal e complexo; origina-se da experiência e tem uma dimensão contextual. Costuma ser desenvolvido e interiorizado ao longo de muito tempo de aprendizado.
- **Conhecimento explícito:** formal e sistemático, expresso por números e palavras, facilmente comunicado e compartilhado em dados, informações e modelos. É facilmente registrado, armazenado e transmitido em textos, livros e apostilas.

O **consenso** reflete o entendimento compartilhado ou as percepções comuns dentro de um grupo, ou seja, é quando existe um compartilhamento de opinião sobre a vantagem competitiva da empresa no que diz respeito ao conhecimento e às qualificações relevantes.

A **fixação** de uma competência, segundo Leonard-Barton (1992), compreende a possibilidade de sua transferência para outra empresa. As competências podem estar associadas ao conhecimento e às habilidades de funcionários-chave, aos sistemas gerenciais (programas de incentivo e estruturas de premiação), aos sistemas físicos (bancos de dados, equipamentos e *softwares*) ou à missão, à cultura e aos valores da empresa, que promovem e incentivam certos tipos de conhecimento.

Já a **robustez** representa o quão suscetível é a competência às mudanças no ambiente. Competências robustas possuem mais chances de manter seu valor diante de mudanças no ambiente externo, enquanto competências vulneráveis tendem à desvalorização em situações tais como mudanças tecnológicas, econômicas e políticas. A robustez aumenta o valor das competências, conferindo-lhes maior durabilidade, e contribui para tornar sustentável a vantagem competitiva de uma empresa.

Devido à mobilidade dos empregados, ou seja, ao fato de que eles podem optar pelas organizações em que querem trabalhar e por quanto tempo, as competências ligadas ao seu conhecimento, às suas habilidades e atitudes são mais móveis, podendo, inclusive, desaparecer com o desligamento desses empregados. Já as competências vinculadas à missão, à cultura e aos valores empresariais são mais fixas. É importante que as competências vinculadas aos funcionários sejam registradas, codificadas e disseminadas. Veremos isso mais adiante quando tratarmos sobre a gestão do conhecimento organizacional.

As competências dos funcionários ou as localizadas nos sistemas físicos são de mais fácil cópia em relação às localizadas nos sistemas gerenciais ou na cultura organizacional, porém é importante que a empresa tenha formas de registrar e disseminar tanto os conhecimentos explícitos como os tácitos. Uma vez que o aprendizado ocorre pela combinação e transformação dos conhecimentos tácitos e explícitos, por meio de socialização, externalização, combinação e internalização, a empresa deve identificar as competências críticas e investir em seu registro e disseminação.

Segundo Schein (1992, 2001), a cultura organizacional pode ser definida como o conjunto de pressupostos básicos inventados, descobertos ou desenvolvidos por um determinado grupo ao aprender a lidar com problemas de adaptação externa e de integração interna que funcionaram de forma adequada e que foram ensinados aos novos membros como a forma correta de perceber, pensar e se comportar diante desses problemas. A cultura de uma empresa é o conjunto de normas, regras, valores e atitudes, que pode ter sido desenvolvido pelo fundador da organização, dando a esta um modo particular de ser, com características próprias que a distinguem das demais e que são passadas aos novos membros como a forma correta de se pensar e agir, determinando o que deve ser seguido e o que deve ser evitado. A cultura exerce uma forma de controle e representa a identidade da organização.

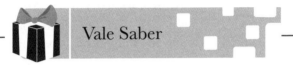

Vale Saber

A cultura pode ser compreendida em três níveis:
- **artefatos:** correspondem ao nível mais superficial e perceptível, que representam os aspectos visíveis, tais como organograma, políticas e diretrizes; produtos e serviços, rituais de integração, padrões de comportamento e o vestuário das pessoas;
- **valores compartilhados:** são os valores importantes que definem a razão pela qual as coisas são feitas;
- **pressuposições básicas:** representam o nível mais profundo e oculto da cultura; são as crenças inconscientes, percepções e sentimentos; são as regras não escritas.

É possível encontrar várias tipologias e possibilidades de classificação das competências, como por exemplo humanas ou individuais (aquelas relacionadas a indivíduos ou a pequenas equipes de trabalho) e organizacionais (aquelas inerentes à organização como um todo ou a uma de suas unidades produtivas). São as competências humanas, aliadas a outros recursos e processos, que irão dar sustentação às competências organizacionais, de acordo com Brandão & Guimarães (2001).

Para Pensar

Você já percebeu a quantidade de significados e tipologias de classificação que podem ser aplicados ao conceito e à aplicação da palavra "competência"? Imagine o impacto que pode haver caso o conceito, a aplicação e a tipologia não sejam bem definidos e comunicados no início de um projeto de implantação da Gestão por Competências.

A natureza do papel ocupacional desempenhado pelas pessoas (ou do cargo por elas ocupado) permite outro tipo de classificação das competências humanas, técnicas e gerenciais, segundo Cockerill (1994). Em razão de sua singularidade, as competências organizacionais podem ser classificadas como básicas (representam atributos necessários ao funcionamento da organização, mas não distintivos em relação à concorrência) e essenciais (diferenciam a organização das demais, relacionadas à vantagem competitiva), conforme sugere Nisembaum (2000).

Quanto à relevância ao longo do tempo, conforme proposto por Sparrow & Bognanno (1993), as competências podem ser classificadas como emergentes (o grau de importância tende a crescer no futuro), declinantes (o grau de importância tende a diminuir no futuro), estáveis (permanecem relevantes ao longo do tempo) e transitórias (são importantes em momentos críticos).

Para fins deste livro, consideraremos a seguinte tipologia: competências organizacionais (essenciais e básicas) e humanas (individuais, de gestão e de liderança). Vamos entender melhor esses conceitos na sequência.

ESTUDO DE CASO

Felipe ficou confuso com tantas informações e perplexo ao saber que a palavra competência possuía tantos significados diferentes. Não entendeu ainda como pode aplicar esses conceitos no âmbito da empresa em que trabalha, a Typpit, e quais os impactos que a adoção de um ou outro conceito pode ter em sua prática. Patricia sorriu e disse: – Felipe, vamos por partes... – e continuou a explicação.

Resumo Executivo

- Não existe uniformidade de compreensão e de atuação quando se trata do tema "competência".

- Competência é a capacidade de mobilizar um conjunto de recursos cognitivos (saberes, capacidades, informações etc.) para solucionar adequadamente uma série de problemas.

- Competência reflete os conhecimentos, as habilidades e as atitudes que precisam ser colocados em prática para se atingir um determinado objetivo.

- Conhecimento é a "bagagem" que a pessoa acumulou ao longo da vida, lembranças de conceitos, ideias ou situações.

- Habilidade é a aplicação do conhecimento, a capacidade de acionar conhecimentos armazenados na memória e utilizá-los em uma ação.

- As competências podem ser mensuradas considerando seu caráter tácito, sua robustez, sua fixação e o consenso.

- Devido à mobilidade dos empregados, as competências ligadas ao seu conhecimento, às suas habilidades e atitudes são mais móveis e podem até desaparecer com o desligamento desses empregados.

- As competências vinculadas aos funcionários devem ser registradas, codificadas e disseminadas.

- Competências vinculadas à missão, à cultura e aos valores empresariais são mais fixas.

- Cultura organizacional representa o conjunto de pressupostos básicos inventados, descobertos ou desenvolvidos por um determinado grupo ao aprender a lidar com problemas de adaptação externa e de integração interna.

- A cultura exerce uma forma de controle e representa a identidade da organização.

- A cultura pode ser compreendida em três níveis: artefatos, valores compartilhados e pressupostos básicos.

- É possível encontrar várias tipologias e possibilidades de classificação das competências.

Teste Seu Conhecimento

Vamos verificar o que você aprendeu e fixar alguns dos conceitos mais importantes apresentados até aqui?

Caso a pergunta se refira a experiência profissional e você não a tenha, converse com amigos e familiares, pesquise em publicações especializadas ou então apresente seu ponto de vista tendo como base o conteúdo aprendido neste capítulo. Algumas sugestões de resposta seguem ao final do livro.

1. Defina competência.
2. Quais são os três principais componentes de uma competência? Uma competência seria composta pelo CHA: Conhecimentos, Habilidades e Atitudes. Uma competência não é apenas um saber, um conhecimento, nem é apenas uma habilidade, um saber fazer; nem apenas uma atitude, uma vontade de querer fazer.
3. O que é "conhecimento", "habilidade" e "atitude", e qual a diferença entre esses termos?
4. É possível mensurar o valor de uma competência para uma organização?
5. O que é o caráter tácito de uma competência?
6. O que seria o consenso, quando abordamos o valor de uma competência?
7. Podemos relacionar o *turnover*, ou rotatividade de pessoal, ao valor de uma competência?
8. O que é cultura organizacional?
9. Você consegue identificar algum artefato, valor compartilhado ou pressuposição básica da cultura da organização em que atua? Qual(is)?
10. É possível classificar as competências quanto à sua relevância ao longo do tempo? De que forma?

Capítulo 3

Competências Organizacionais: básicas e essenciais

ESTUDO DE CASO

Felipe estava surpreso pela complexidade do assunto e anotava muito. Eram muitas as informações para aprender, mesmo estando a conversa mais voltada para o plano teórico.

Felipe, contudo, estava um tanto ansioso para entender mais da prática, da aplicação de tantos conceitos. Patricia pediu um pouco mais de paciência a Felipe e justificou com a seguinte explicação:

- É muito importante você entender o tema, as definições, os conceitos e as aplicações como um todo, para ter a certeza de que seu projeto terá um alinhamento, uma uniformidade de significado, o que trará a possibilidade para todos da empresa entendam do que se trata. Em breve detalharemos a prática, ou melhor, as práticas, com base no que estamos discutindo agora.

Felipe pediu explicações sobre o que seriam competências organizacionais e sua importância para a Gestão por Competências.

Assim, a próxima explicação dada a Felipe foi sobre a relação da Gestão por Competências com a estratégia da organização, com detalhamento das competências organizacionais, que podem ser básicas ou essenciais.

As competências organizacionais requerem aprendizagem coletiva, envolvimento e comprometimento das áreas estratégicas do negócio. Quando dizemos que uma organização "aprende", queremos dizer que os profissionais que nela atuam são capazes de aprender, desenvolvendo e colocando em prática novas competências. As competências organizacionais podem ser classificadas em básicas e essenciais.

As competências básicas representam as condições necessárias, mas não suficientes, para que uma empresa possa alcançar liderança e diferenciação no mercado. São importantes, mas não representam um diferencial competitivo. Se todos os concorrentes de uma empresa apresentam excelência em seus serviços, essa competência é básica para essa empresa, ou seja, ela precisa possuí-la, mas isso apenas a iguala à concorrência. As competências básicas variam de acordo com o setor de atuação e se constituem em pré-requisitos para a atuação em um determinado segmento do mercado.

Uma competência pode ser considerada essencial quando tem valor percebido pelos clientes, aumenta a capacidade de expansão e contribui para a diferenciação em relação à concorrência.

Qual a diferença então entre as competências básicas e as essenciais? Enquanto as primeiras representam as condições mínimas necessárias para a existência da empresa, as últimas representam os diferenciais competitivos em relação à concorrência.

Prahalad e Hamel (1995) relacionam três critérios principais para definir uma competência essencial:

- **Capacidade de expansão:** as competências essenciais representam a porta de entrada para mercados potenciais e devem gerar novas oportunidades de produtos e serviços.
- **Diferenciação entre concorrentes:** a competência essencial deve ser única, distintiva e de difícil imitação no curto prazo.
- **Valor percebido pelo cliente:** deve ter seu valor percebido pelo cliente, consistindo em um diferencial.

Quando falamos sobre competências organizacionais, abordamos, necessariamente, aspectos relativos à missão, à visão e aos valores da empresa.

Mas, o que seria a missão de uma organização? A missão nada mais é do que a razão de existir de uma organização e a delimitação das atividades dentro do espaço que ela deseja ocupar em relação às oportunidades de negócios. É ela quem define o propósito fundamental que guia a organização para identificar seus produtos e/ou serviços, assim como seus clientes. Define, de forma geral, onde a organização vai atuar e qual será o seu foco principal. Ao estabelecer uma missão, a empresa deve considerar o motivo principal que deu origem a sua criação, de modo que, com o passar do tempo, ela continue fiel ao que a gerou. Isso remete a uma questão de identidade da empresa, visto que a missão tem esse poder. A missão deve responder à seguinte questão: Estou no mercado para quê?" Deve ser objetiva, clara, simples e pequena, e ser comunicada a todos que ali trabalham.

Competências Organizacionais: básicas e essenciais

Confira abaixo a missão de três organizações que disponibilizam, publicamente, essa informação:

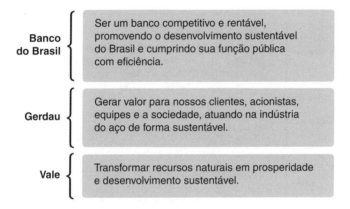

Disponível em:
http://www.bb.com.br/portalbb/page3,102,2681,0,0,1,6.bb?codigo
Menu=616&codigoNoticia=1508&codigoRet=1208&bread=1
http://www.gerdau.com.br/sobregerdau/missao-visao-valores.aspx
http://www.vale.com/PT/aboutvale/mission/Paginas/default.aspx
Acesso em: out. 2014

A visão diz respeito a aonde ela quer chegar. Representa uma situação futura desejada, uma meta. Apesar de ter como base a realidade da empresa, vislumbra uma realidade futura, uma imagem que deve ser compartilhada por todos, de onde se pretende chegar. A visão relaciona-se diretamente com os objetivos gerais, de longo prazo, descrevendo as aspirações para o futuro, sem especificar os meios para alcançá-las. É o que se espera ser num determinado tempo e espaço. A visão é aquela que cria inspiração, normalmente querer mais, melhor e maior. Deve ser voltada para o futuro e inspiradora, clara, concisa, coerente com a missão, de modo a que todos a compreendam e a sintam.

Vale Saber

Comparem a missão, retratada anteriormente, com suas visões, também disponibilizadas em seus sites corporativos:

Banco do Brasil: Sermos o primeiro banco dos brasileiros, das empresas e do setor público, referência no exterior, o melhor banco para trabalhar, reconhecido pelo desempenho, relacionamentos duradouros e responsabilidade socioambiental.

Gerdau: Ser global e referência nos negócios em que atua.

Vale: Ser a empresa de recursos naturais global número um em criação de valor de longo prazo, com excelência, paixão pelas pessoas e pelo planeta.

Disponível em:
http://www.bb.com.br/portalbb/page3,102,2640,0,0,1,6.bb?codigoMenu=616&codigoNoticia=7605&codigoRet=5568&bread=3
http://www.gerdau.com.br/sobregerdau/missao-visao-valores.aspx
http://www.vale.com/PT/aboutvale/mission/Paginas/default.aspx
Acesso em: out. 2014

Os valores devem espelhar os padrões de comportamento institucionais da organização. Os conceitos de "atitude" e "comportamento" representam a base dos valores. São "conceitos" ideais que precisam ser definidos e praticados por todos dentro da organização, a começar pela cúpula da empresa. São ideias fundamentais em torno das quais a organização foi construída, representando as convicções dominantes, as crenças básicas. São elementos motivadores que direcionam as ações das pessoas na organização, contribuindo para a unidade e a coerência do trabalho. Sinalizam o que se persegue, em termos de padrão de comportamento de toda a equipe, na busca da excelência.

Vale Saber

Vejamos agora quais são os valores das organizações cujas missões e visões vimos anteriormente:

Banco do Brasil
- Ética e transparência
- Compromisso com o desenvolvimento das comunidades e do país
- Responsabilidade socioambiental
- Respeito ao consumidor
- Excelência e especialização no relacionamento com o cliente
- Gestão participativa, decisão colegiada e trabalho em equipe
- Ascensão profissional baseada no mérito
- Marca como diferencial competitivo
- Proatividade na gestão de riscos
- Comprometimento com solidez, rentabilidade, eficiência e inovação
- Respeito à diversidade
- Compromisso com os acionistas e a sociedade

Gerdau
- Ter a preferência do CLIENTE
- SEGURANÇA das pessoas acima de tudo
- PESSOAS respeitadas, comprometidas e realizadas
- EXCELÊNCIA com SIMPLICIDADE
- Foco em RESULTADOS
- INTEGRIDADE com todos os públicos
- SUSTENTABILIDADE econômica, social e ambiental

Vale
- A vida em primeiro lugar
- Valorizar quem faz a nossa empresa
- Cuidar do nosso planeta
- Agir de forma correta
- Crescer e evoluir juntos
- Fazer acontecer

Disponível em:
http://www.bb.com.br/portalbb/page3,102,2641,0,0,1,6.bb?codigoMenu=616&codigoNoticia=7606&codigoRet=5569&bread=2
http://www.gerdau.com.br/sobregerdau/missao-visao-valores.aspx
http://www.vale.com/PT/aboutvale/mission/Paginas/default.aspx
Acesso em: out. 2014

Para Pensar

A missão, a visão e os valores podem ser comparados a um mapa, ou talvez até a um GPS de um veículo. O que isso quer dizer? São importantes direcionadores da ação e do comportamento dos empregados. Tente imaginar o que é trabalhar em uma empresa que não definiu ainda seu propósito principal nem onde quer chegar... Como será que os empregados se sentem nesse contexto? Será que eles conseguem direcionar seus esforços em prol do atingimento dos objetivos organizacionais?

É muito comum que as organizações disponibilizem sua missão, visão e valores publicamente, visto que são direcionadores importantes que podem ser úteis ou relevantes para vários públicos, como clientes, fornecedores e potenciais empregados.

▷ EXERCÍCIO DE APLICAÇÃO

Você conhece a missão, a visão e os valores da organização em que trabalha ou estuda? Se preferir, pesquise na internet, em livros e em revistas especializadas, ou consulte amigos e parentes para descobrir essas informações e as registre no quadro a seguir.

Nome da organização pesquisada:	
Missão	
Visão	
Valores	

Green (1999) apresenta exemplos de competências essenciais da Caliber Logistics, empresa de contrato de logística que fornece serviços de gestão de transporte de materiais:

Comunicação

Capacidade de falar com clientes, fazer apresentações, ouvir cuidadosamente e influenciar verbalmente os outros; capacidade de passar um bom tempo escrevendo, editando material, documentando o trabalho claramente e lendo material de referência.

Orientação de equipe

Capacidade de trabalhar com pessoas de maneira a construir alto nível do moral e comprometimento do grupo em relação a metas e objetivos; cooperar com os membros do grupo e compartilhar de maneira justa o trabalho em equipe.

Orientação para os clientes

Capacidade de assegurar que os clientes saibam o que esperar e mantê-los informados a respeito; projetar as necessidades dos clientes em longo prazo; possuir recursos suficientes para as necessidades complexas; recobrar-se de falhas em serviços, fazer com que os clientes se sintam importantes, excedendo suas expectativas; criar orientação ao cliente em um grupo.

Parceria

Capacidade de elaborar estratégias com clientes; gerenciar sublocações de mudanças com o tempo; manter o nível de respostas aos clientes e cultivar sua confiança; obter sucesso em um ambiente ambíguo, fornecendo serviços de acordo com os limites de relacionamento; atingir as necessidades dos clientes e da empresa, ao mesmo tempo.

Sistemas e orientação de processos

Capacidade de utilizar sistemas, antecipando consequências e prevenindo problemas; adaptar-se de maneira construtiva a regras escritas e não escritas; utilizar procedimentos detalhados ou técnicas previamente estabelecidas para adequar-se a padrões de maneira que os sistemas funcionem bem e mantenham consistência.

Hamel e Prahalad (1995) compreendem a eventual dificuldade de definição de uma linha divisória entre uma habilidade específica e uma competência organizacional para a qual essa habilidade contribui. Uma sugestão, em termos práticos, é se, durante o processo de definição das competências de uma organização forem identificadas cinquenta ou mais "competências", provavelmente o que se identificou não foram competências, mas sim habilidades e tecnologias. Por outro lado, se forem listadas somente uma ou duas competências, é provável que se esteja usando um nível de agregação muito amplo que não irá gerar entendimentos significativos. A sugestão dos autores é que existam de cinco a quinze competências organizacionais.

Prahalad propõe a realização de três testes para identificar se aquilo que se pensa ser competência essencial realmente o é. Se tiver interesse em se aprofundar sobre o tema, sugerimos a leitura indicada na sequência:
PRAHALAD, C. K. Em busca do novo. Entrevista exclusiva à revista HSM Management, março-abril, 1998, p. 6-12.

Bruno-Faria e Brandão (2003), ao realizarem um estudo para mapear as competências profissionais da área de Treinamento e Desenvolvimento (T&D) em uma organização pública do Distrito Federal, realizaram também o mapeamento das competências organizacionais necessárias à consecução dos objetivos institucionais da Unidade Principal e da organização foco do estudo, como primeira etapa do processo de identificação dos conhecimentos, habilidades e atitudes relevantes para os profissionais de T&D. O mapeamento foi realizado por meio de pesquisas documentais, análise do plano estratégico e de portarias e decretos governamentais e entrevistas com a participação de diretores, chefes de gabinete, subsecretários e assessores dos dois órgãos. As competências identificadas foram: valorização do servidor público; excelência na prestação de serviços; gestão moderna, ágil e eficaz; e normatização e integração das ações administrativas.

Brandão e Bahry (2005) destacam as seguintes competências essenciais de uma organização pública cuja principal atividade é a promoção de ações de T&D destinadas a servidores públicos dos níveis estratégico, tático e operacional:

Competências Organizacionais: básicas e essenciais **39**

> Realiza parcerias com a sociedade civil e o segmento empresarial, visando obter recursos necessários à consecução dos objetivos da secretaria.

> Planeja e implementa ações de comunicação interna (*endomarketing*) para estimular o autodesenvolvimento e a profissionalização dos servidores públicos.

Além das competências organizacionais existem outras, ligadas ao quadro funcional.

Vamos conhecer um pouco mais sobre esse assunto no próximo capítulo.

ESTUDO DE CASO

Felipe achou muito interessante o conceito de competências organizacionais, em especial as essenciais. O que você acha que Felipe precisa fazer, que informações precisa identificar em relação à organização em que atua, para aplicar os conceitos abordados neste capítulo?

_____
_____
_____
_____
_____
_____
_____
_____
_____
_____

Resumo Executivo

- Competências organizacionais requerem aprendizagem coletiva, envolvimento e comprometimento das áreas estratégicas do negócio.

- As competências organizacionais podem ser classificadas em básicas e essenciais.

- Competências básicas são as condições necessárias, mas não suficientes, para que uma empresa possa alcançar liderança e diferenciação no mercado.

- Competências básicas variam de acordo com o setor de atuação e se constituem em pré-requisitos para a atuação em um determinado segmento do mercado.

- Competência essencial: tem valor percebido pelos clientes, aumenta a capacidade de expansão e contribui para a diferenciação em relação à concorrência.

- Critérios para definir uma competência essencial: capacidade de expansão, diferenciação entre concorrentes e valor percebido pelo cliente.

- Competências organizacionais: relacionadas com a missão, a visão e os valores.

- Missão da organização: sua razão de existir, o propósito fundamental para identificar seus produtos e/ou serviços e clientes.

- A missão deve ser objetiva, clara, simples e pequena, e ser comunicada a todos.

- Visão: aonde a organização quer chegar. Representa uma situação futura desejada, uma meta.

- Visão relacionada com os objetivos de longo prazo. Descreve as aspirações para o futuro, sem especificar os meios para alcançá-las.

- Valores: representam os padrões de comportamento institucionais da organização.

- Valores são "conceitos" ideais que precisam ser praticados por todos dentro da organização.

- Sugestão de quantidade de competências essências por organização: entre cinco e quinze.

Teste Seu Conhecimento

Vamos verificar o que você aprendeu e fixar alguns dos conceitos mais importantes apresentados até aqui?

Caso a pergunta se refira a experiência profissional e você não a tenha, converse com amigos e familiares, pesquise em publicações especializadas ou então apresente seu ponto de vista tendo como base o conteúdo aprendido neste capítulo. Algumas sugestões de resposta seguem ao final do livro.

1. Como as competências organizacionais podem ser classificadas?
2. De forma geral, como podemos diferenciar os tipos de competência organizacional?
3. Prahalad e Hamel (1995) relacionam três critérios principais para definir uma competência essencial: capacidade de expansão, diferenciação entre concorrentes e valor percebido pelo cliente. Explique cada um desses critérios.
4. Quais são os três testes propostos por Prahalad para identificar se uma competência essencial realmente o é?
5. Qual a importância da missão da organização na definição das competências organizacionais?
6. O que é a visão de uma organização?
7. O que são valores organizacionais?
8. Escolha uma empresa que você admira, gosta ou na qual queira trabalhar. Verifique se ela divulga informações sobre sua missão, visão e valores organizacionais. Após a leitura desses itens, você continua gostando, admirando ou querendo trabalhar ali?

9. Considerando o que foi discutido neste capítulo, quais são as competências essenciais da organização em que você atua?
10. Ao conversar com um amigo e perguntar quais são as competências essenciais da empresa em que atua, ele responde: sistemas de informação, ou seja, um sofisticado banco de dados informatizado que permite que a empresa acompanhe os perfis dos clientes, comparando-os com a oferta de produtos ao redor do mundo. Após ler este capítulo, qual comentário você faria ao seu amigo?

Capítulo 4

Competências Humanas e de Gestão e Liderança

*A*pesar de haver uma diferenciação entre competências organizacionais e as humanas (também conhecidas como individuais ou profissionais), é importante ressaltar seu inter-relacionamento, pois são as competências humanas que sustentam as competências da organização.

Alguns autores também apontam a importância de serem identificadas competências de Gestão e Liderança, que para alguns são sinônimos, para outros não.

Vamos entender melhor sobre o assunto na sequência.

ESTUDO DE CASO

Felipe ficou feliz por ter chegado ao ponto da explicação no qual possui muito interesse e dúvidas, aqueles relativos às competências dos empregados e gestores. Nunca conseguiu entender direito quando falavam sobre competências técnicas e comportamentais, visto ser a competência o resultado de um conhecimento, uma habilidade e uma atitude. Causava estranheza ainda a diferenciação entre competências de gestão e de liderança. Além disso, Felipe se perguntava sobre as implicações práticas da adoção dessa tipologia de competências nos subsistemas e atividades de Gestão de Pessoas.

Patricia garantiu a Felipe que, em breve, ele teria a maior parte das respostas aos seus questionamentos.

Vamos acompanhar as novas explicações.

⊙ Competências humanas ou individuais

Existem nuances sobre as definições de competência humana ou individual. De forma geral, podemos dizer que representa uma característica fundamental de um indivíduo, diretamente relacionada a um critério de eficácia ou *performance* superior num trabalho ou situação.

As competências humanas devem incluir a capacidade de aplicar habilidades, conhecimentos e comportamentos a novas situações e a mudanças na organização do trabalho, em vez de refletir apenas as tarefas desempenhadas no momento atual, ou seja, o cargo ocupado pelo profissional. Considera tanto o desempenho como o potencial do empregado, aspectos que serão detalhados em outro capítulo do livro.

As competências humanas devem ser específicas por organização, área de conhecimento, processo ou cargo. A aquisição e o desenvolvimento das competências individuais devem ser compreendidos como um processo de aprendizagem, que evolui visando ao alcance de um melhor desempenho, com base em objetivos pessoais e organizacionais, assumidos de forma compromissada.

Para que um profissional desempenhe suas atividades da melhor forma possível, ele precisa possuir uma série de competências.

As competências humanas são descritas por alguns autores, como Santos (2001) e Whiddett e Hollyforde (1999), considerando referenciais de desempenho, ou seja, o profissional demonstra deter uma dada competência por meio da adoção de certos comportamentos passíveis de observação no trabalho. Exemplo:

Referenciais de desempenho

Orientação para resultado

- Elabora planejamento e acompanha indicadores de desempenho para os projetos.
- Acompanha e propõe alternativas para controle de custos do projeto.

Outros autores (Brandão *et al.*, 2001 e Bruno-Faria e Brandão, 2003) descrevem os conhecimentos, as habilidades e as atitudes necessários para que a pessoa apresente esse determinado desempenho no trabalho. Retomando o exemplo Orientação para Resultado, temos:

Conhecimentos, habilidades e atitudes da competência orientação para resultado

Conhecimentos	Habilidades	Atitudes
• Matemática financeira	• Utilização de *softwares* de gestão de projetos e planilhas eletrônicas	• Liderança
• Controle de custos		• Atenção concentrada
• Gestão de projetos		• Iniciativa

Na dependência do uso que se pretende dar à competência e à sua descrição, pode-se adotar um ou outro critério.

Quando o objetivo, por exemplo, é identificar e desenvolver ações de treinamento, é necessário identificar os conhecimentos, as habilidades e as atitudes necessários à manifestação de determinados tipos de desempenho.

Quando falamos sobre competências profissionais (chamadas por alguns de técnicas), nos referimos ao que a pessoa deve ser capaz de fazer no exercício de sua função, considerando sua área de atuação. Exemplificando:

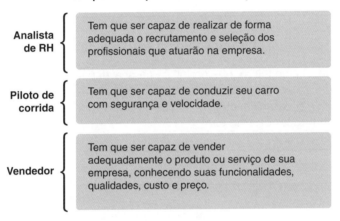

Competências profissionais: exemplos

- **Analista de RH**: Tem que ser capaz de realizar de forma adequada o recrutamento e seleção dos profissionais que atuarão na empresa.
- **Piloto de corrida**: Tem que ser capaz de conduzir seu carro com segurança e velocidade.
- **Vendedor**: Tem que ser capaz de vender adequadamente o produto ou serviço de sua empresa, conhecendo suas funcionalidades, qualidades, custo e preço.

Segundo Dutra (2004), as competências podem ser comuns, ou seja, gerais a todas as trajetórias, e específicas por trajetória.

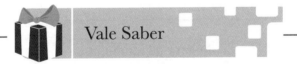

Vale Saber

De acordo com Dutra (2004), trajetórias profissionais agrupam atribuições e responsabilidades que demandam conhecimentos e habilidades de mesma natureza, como: Comercial, Finanças, Gestão Industrial, Suporte Administrativo, Operações Industriais, Laboratório de Tecnologia e Inovação, entre outros.

Como exemplos de algumas competências gerais, o autor destaca:

Orientação para resultado

Orientação para resultados: atuação independente, ou envolvendo outras pessoas, voltada para os resultados e a rentabilidade da empresa. O indivíduo atua com determinação e foco, obtendo e/ou superando de forma consistente e com qualidade os desafios assumidos.

Direcionamento estratégico

Visão global e de futuro, que permite à pessoa identificar riscos e oportunidades capazes de causar impacto na empresa. A partir dessa visão, estrutura e coordena a implementação de planos que viabilizem os objetivos estratégicos da empresa.

Liderança de equipes

O líder obtém comprometimento e desempenho máximo das pessoas e é considerado um bom exemplo a ser seguido. Delega a seus liderados, com precisão e limites adequados para que eles alcancem os objetivos.

Agente de mudanças

Influencia e lidera processos de mudança e transformação organizacional. Identifica e/ou antecipa as necessidades de mudança nos clientes ou nos processos da empresa. Dinamiza os negócios, reforçando a imagem de uma empresa de vanguarda.

Vale Saber

São apresentados outros exemplos de competências gerais, alguns dos quais seguem abaixo:
- **Colaboração Irrestrita:** colabora com ações que vão contribuir para os objetivos e resultados da empresa. Aceita debater e discutir os assuntos; respeita as divergências de opinião;
- **Orientação para o Mercado:** domina as variáveis de mercado - clientes, fornecedores, concorrentes, fatores de regulamentação e fatores políticos e estratégicos - para obter vantagens competitivas nos negócios;
- **Orientação para a Ação:** define prioridades e métricas para acompanhamento das ações implementadas, obtendo resultados nos prazos pactuados.

Como exemplo de competências específicas para a trajetória profissional Comercial, são citados: Comunicação, Negociação e Planejamento e Organização, que serão detalhados na sequência.

Comunicação

Voltado para a transmissão de informações e conhecimentos de forma a ser compreendido, saber ouvir e dar *feedback*, utilizar eficientemente os recursos de comunicação disponíveis, apresentar informações de maneira clara e objetiva e manter todos os seus pares informados com relação aos resultados alcançados, novidades e melhoramentos pertinentes.

Negociação

Inclui a busca pelo equilíbrio dos resultados de uma negociação, visando benefícios para os envolvidos, buscando gerar credibilidade e criar relacionamentos necessários para a obtenção dos resultados almejados. Abrange a construção de uma argumentação coerente e a abertura para rever posições e entender pontos de vista diferentes.

> **Planejamento e Organização**
>
> Relaciona-se com a organização, sistematização e antecipação de tendências que facilitarão o processo de decisão das lideranças, por meio da pronta disponibilização de informações, da orientação técnica de processos e organização do trabalho e da coordenação e controle das atividades da área, com vistas a garantir a qualidade, facilitar o acesso, velocidade, disciplina na execução das ações e obtenção de resultados.

Abordando agora a diferenciação que é bastante comum na prática, em várias organizações, entre competências técnicas e comportamentais, alguns cuidados e informações são importantes. Na dependência de o foco do interesse da empresa ser no aspecto mais técnico do cargo ou mais no comportamental, é usual haver essa diferenciação que é quase "didática", mas que, na prática, não se observa. Já tive a oportunidade de constatar em várias empresas essa diferenciação; prefiro, contudo, que a referência seja feita sempre às competências, sem diferenciação entre técnica e comportamental, considerando que deve expressar uma ação concreta que represente comportamentos passíveis de observação no ambiente de trabalho e que deve, por definição, envolver os conhecimentos, as habilidades e as atitudes necessários à realização do desempenho desejado.

 ESTUDO DE CASO

> Nesse ponto do relato Felipe sorriu e percebeu que Patricia também não gostava da classificação, divisão entre competências técnicas e comportamentais, apesar de entender que, em nível teórico, se trata de uma divisão para fins didáticos. O desconforto de Patricia se dá na medida em que as pessoas repetem essa divisão sem questionar ou sequer perceber que, na prática, ela não faz sentido.
> Vamos continuar com as explicações...

Uma sugestão para aqueles que pretendem implantar a gestão por competências, tendo como base uma considerável experiência de trabalho em empresas de porte, localidade e negócios distintos, além da ampla pesquisa bibliográfica sobre o tema realizada para elaborar este livro, é compor o nome da competência com o substantivo que reflete a ação representada pela competência. O que isso quer dizer? Ao identificarmos uma competência, devemos sempre completar a seguinte frase: "Ser capaz de..." (Ação/Fazer). É importante que as competências sejam mensuráveis e treináveis.

Vejamos alguns exemplos de nomes possíveis para as competências profissionais, nessa linha de pensamento e ação:

- Elaboração de orçamento.
- Gestão de projetos.
- Execução de manutenção preventiva.
- Operação de ponte rolante.

As primeiras competências são do nível profissional, ou seja, de empregados ou atividades que demandam do empregado uma maior escolaridade, nível superior, e a última seria do nível operacional, ou seja, mais ligada à operação, normalmente demandando uma baixa qualificação escolar, sendo muitas vezes necessária apenas uma qualificação específica na função ou atividade a ser desempenhada. Não são todas as empresas, contudo, que realizam essa distinção entre os níveis profissional e operacional.

Além do nome da competência, é válido que ela seja descrita, o que nada mais é do que especificar: o seu "o quê", "como" e "para quê". A descrição da competência é importante para detalhar seu conteúdo e uniformizar a compreensão por parte de todos que, posteriormente, terão acesso ao material, tal qual detalhado na sequência:

- "O quê" especifica uma ação.
- "Como" indica o meio para executar a ação.
- "Para quê" apresenta o objetivo da ação.

Exemplificando com a competência Elaboração de Orçamentos:

Descrição da competência elaboração de orçamentos

O quê?	Como?	Para quê?
Elaborar orçamentos.	Utilizando metodologias e *softwares* específicos e realizando reuniões com as áreas.	Para proporcionar adequado provisionamento e controle do consumo dos recursos da empresa.

> **Para Pensar**
>
> Imagine que uma empresa identificou a existência de uma competência "Avaliação de Proficiência em Amostragem". O que exatamente significa essa competência? A interpretação pode variar, caso não haja uma descrição exata de seu significado. Nesse caso específico, a descrição foi: "Estabelecer uma rotina de verificação da competência de amostragem, utilizando normas internacionalmente aceitas, programas interlaboratoriais, auditorias e outras técnicas aplicáveis, para avaliar o nível de proficiência do processo".

Normalmente uma competência, em sua descrição, é mais bem caracterizada por um verbo no infinitivo que represente uma ação e não um conhecimento. Verifique a seguir alguns verbos que sugerimos que sejam utilizados para detalhar o "o quê" da competência.

Exemplos de verbos

Verbos - Exemplos
Analisar... Consolidar... Escolher... Monitorar...
Antecipar... Construir... Estabelecer... Organizar...
Apoiar... Definir... Executar... Orientar...Apresentar...
Demonstrar... Formular... Planejar... Atualizar...
Descrever... Gerenciar... Programar... Avaliar...
Desenhar... Identificar... Realizar...Classificar...
Desenvolver... Implementar... Reconhecer...Comparar...
Determinar... Interpretar... Registrar...Comunicar...
Direcionar... Manter... Selecionar... Controlar...
Elaborar... Medir... Solucionar...

Existem alguns verbos que devem ser evitados, visto que não expressam tangibilidade, tais como: conhecer, saber, agregar valor, alinhar, ser, entender, ensinar, mostrar, observar, obter, poder, ter, ver.

Brandão (2012) defende que a descrição de uma competência individual representa um desempenho ou comportamento esperado, devendo indicar de forma clara e objetiva o que o profissional deve ser capaz de fazer, com o desempenho explicitado por um verbo e um objeto de ação, por exemplo: Analisar Documentos, Redigir Textos, Operar Sistemas. O autor traz ainda exemplos de competências inadequadas, tais como: Conhecer os Produtos e Serviços da Organização e Compreender as Rotinas de Trabalho.

▷ EXERCÍCIO DE APLICAÇÃO

Considerando as listas de verbos que aconselhamos que sejam ou não utilizados para nomear, identificar competências, sinalize, na listagem a seguir, o que não poderia ser considerado uma competência e explique por quê:

- Matemática financeira ( ) Não ( ) Sim
- Realização de manutenção preventiva ( ) Não ( ) Sim
- Conhecimento de project ( ) Não ( ) Sim
- Análise de rentabilidade de projetos ( ) Não ( ) Sim
- Pensamento sistêmico ( ) Não ( ) Sim
- Gestão de pessoas ( ) Não ( ) Sim

Quais não podem ser consideradas competências, e por quê?

_____
_____
_____
_____
_____
_____
_____
_____
_____
_____
_____

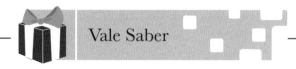

Seguem alguns exemplos de competências com foco em conhecimentos e habilidades mais técnicas que identifiquei ao longo de minha atuação profissional:

• **Realização de consultoria socioeconômica:** realizar consultoria socioeconômica nas áreas em que a empresa atua por meio de metodologia específica e visão integrada da operação para reduzir riscos sociais, disseminar melhores práticas e solucionar problemas.

• **Análise de cenários:** analisar cenários institucionais de longo e curto prazos por meio da utilização de informações relevantes e/ou da aplicação de metodologia específica para apoiar decisões estratégicas da empresa.

• **Aplicação do programa de auditoria:** aplicar o programa de auditoria, por meio da análise de documentação e realização de entrevistas, para evidenciar o resultado e as conclusões sobre a adequação dos níveis de controle, práticas de governança, riscos do processo e oportunidades de melhoria.

• **Desenvolvimento de novos negócios:** identificar características da indústria, tais como oferta, demanda, tendências, ameaças e oportunidades, visando dar suporte às decisões estratégicas e à elaboração de plano de negócios, analisando e mensurando a atratividade econômica dos empreendimentos.

• **Gestão da mudança:** implementar e disseminar ações que minimizem impactos negativos e resistência à mudança, por meio de conceitos e metodologias de gestão da mudança, de maneira a garantir a implantação e a manutenção das ações propostas.

Além da diferenciação entre competências profissionais e operacionais, já explicadas anteriormente, é possível ainda classificar as competências como de gestão ou de liderança. Vamos entender um pouco melhor sobre o assunto na sequência.

◉ Competências de gestão e de liderança

Gestão e liderança são temas que há muito tempo despertam o interesse tanto de teóricos como de profissionais que atuam com gestão de pessoas. Existem, basicamente, três grupos de teorias que visam explicar a liderança:

- **Teoria dos traços:** defende que existe um conjunto de atributos inatos por meio dos quais se pode identificar os líderes. Os líderes já nascem assim, não há a possibilidade de desenvolvimento por meio do uso de técnicas específicas.
- **Teoria comportamental:** em vez de tentar descobrir o que os líderes eficazes são, os pesquisadores procuraram determinar o que fazem. Defende que os comportamentos podem ser aprendidos, e, portanto, as pessoas, quando treinadas nos comportamentos de liderança apropriados, podem liderar eficazmente.
- **Teorias contingenciais:** não existe um estilo de liderança universalmente adequado. A eficácia do líder reside em sua capacidade de responder ou ajustar-se a determinada situação.

Vale Saber

Você tem interesse em questões relacionadas com liderança e comportamentos esperados de um líder? Se sim, vale a pena assistir a um vídeo exibido em Mundo S/A que trata do papel dos novos líderes e explica como a gestão de pessoas influencia os negócios de uma empresa. O link no qual o vídeo pode ser visto é:
https://www.youtube.com/watch?v=RvyAivoARAY
Acesso em: out. 2014.

É importante alinharmos o conceito de líder e de gestor, diferenciando esses papéis tão importantes no âmbito organizacional.

Líder é aquele que sabe direcionar as pessoas. Para Drucker (1999), os líderes precisam fomentar o potencial dos colaboradores, conhecer a motivação e saber conduzir as pessoas, com foco nos relacionamentos interpessoais.

Segundo Mintzberg (1973, 1990), o papel do líder é apenas um dentre os dez comumente desempenhados pelos gerentes.

Em relação ao líder, ele possui um foco voltado para o relacionamento pessoal, o poder e atitudes pessoais, como comunicação e poder de influenciar. Já o gestor é mais direcionado para a administração da equipe, com conhecimentos técnicos sobre como fazê-lo.

As características de um líder e de um gestor se complementam, contudo nem todos os líderes são gerentes e nem todos os gerentes são líderes. Posições gerenciais estão ligadas ao posicionamento em um nível com certo grau de autoridade na estrutura de uma dada organização, o que significa que uma pessoa pode assumir o lugar de liderança por conta do cargo que ocupa, o que não garante que seja capaz de liderar com êxito sua equipe. Normalmente as relações de poder formal nas organizações são explicitadas via organograma.

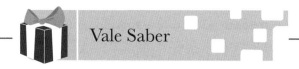

Organograma é o gráfico que representa a estrutura formal da empresa, ou seja, a disposição e a hierarquia dos órgãos. É uma espécie de diagrama usado para representar as relações hierárquicas dentro de uma organização ou ainda a distribuição dos setores, unidades funcionais e cargos e a comunicação entre eles. É uma ferramenta fundamental para as organizações, pois, além de facilitar o conhecimento de como funcionam as relações da empresa e sua estrutura, permite identificar alguns problemas ou oportunidades de melhorias, através de sua análise. A figura que segue representa um exemplo de organograma de uma empresa fictícia:

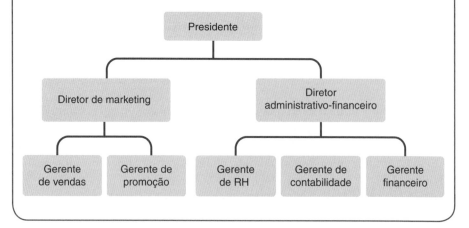

Se liderança e gerência são distintas, quais seriam as fronteiras entre competências de liderança e gerenciais?

Há a compreensão de que liderança e gerência, mesmo que distintas, não são excludentes, e sim complementares (FAGUNDES, 2000), conforme já mencionamos.

Na literatura, sobre o tema liderança, é possível observar que muitas vezes a expressão "líder" aborda competências que não contemplam práticas mais objetivas, próprias do gerente, presentes no cotidiano de quem atua em gestão. Boyatzis, Goleman e McKee (2002) apresentam alguns exemplos de competências de liderança, tais como empatia, autoconfiança, adaptabilidade, iniciativa, desenvolvimento de pessoas, gerenciamento de conflitos, trabalho em equipe e colaboração.

Os autores destacam que as competências de liderança fomentam relacionamentos, geram condições de criar sinergia nos grupos, permitindo que os valores sejam compartilhados e agregados ao desempenho organizacional. Ao expressarem tais competências, os líderes tendem a se comportar de forma mais flexível e informal, sendo abertos e atentos às relações entre as pessoas e às redes.

As competências de liderança apontam fatores bastante relacionados a atitudes, e pouco se alteram, independentemente do segmento organizacional em questão. Isto é, seja em uma organização educacional, hospitalar, siderúrgica, logística ou educacional, por exemplo, ter empatia, iniciativa e capacidade para gerenciar conflitos são competências desejáveis para um gestor. Já as competências gerenciais são identificadas ou "desdobradas" a partir da definição das competências organizacionais (BITENCOURT *et al.*, 2005), ou seja, estão atreladas a conhecimentos, habilidades e atitudes demandados pela estrutura da organização, seus processos, diretrizes e metas que devem ser atingidas por meio da ação gerencial.

Para os interessados no tema liderança e em como desenvolver líderes, sugerimos a leitura do *Pipeline de liderança*, um *pocket book* do LAB SSJ disponível para download no endereço: http://issuu.com/labssj/docs/pocket1_pipeline

Se preferir, assista ao vídeo no endereço: https://www.youtube.com/watch?v=dl0a_8EiMIc&feature=youtu.be Acesso em: out. 2014.

Conforme Moura e Bittencourt (2006), cada instituição requer um conjunto específico de competências gerenciais, o que implica o desenvolvimento por competências customizado, elaborado a partir de um diagnóstico da situação organizacional e do próprio significado do trabalho.

> **Para Pensar**
>
> Você já havia pensado na diferença entre os papéis de líder e gestor? Acha que faz sentido? Na organização em que atua ou atuou, você consegue perceber gestores que não são líderes e líderes que não são gestores? Como transformar um gestor em líder? E um líder em um gestor? Será que as competências desses papéis podem se complementar?

Assim, programas customizados para o desenvolvimento e o aprimoramento de competências gerenciais são fundamentais, pois estão diretamente relacionados à qualidade no desempenho de suas atribuições e, consequentemente, ao alcance das metas da organização.

Dutra (2004) apresenta algumas competências específicas da trajetória de gestores, como Orientação ao Negócio e a Estratégia, Planejamento e Gestão de Recursos. Outros exemplos são apresentados na sequência.

> **Atuação sistêmica**
>
> Atua com uma visão sistêmica e integrada da empresa, considerando as inter-relações entre processos e a avaliação dos impactos entre eles, através do estabelecimento de redes de relacionamento e parcerias com vistas à sinergia e otimização de esforços.

Orientação estratégica

Define planos de ação de maneira alinhada aos objetivos e visão de longo prazo, influenciando o direcionamento estratégico. Envolve manter atuação quanto aos movimentos do setor, ações da concorrência e tendências do negócio para o aproveitamento de oportunidades e minimização de riscos.

Gestão de mudanças e inovação

Identificação e/ou antecipação das necessidades de mudança, para enfrentar os desafios futuros do ambiente de negócios. Repensa as práticas e processos atuais, desafiando o *status quo*, considerando opções e possibilidades não usuais para a geração de novas ideias que possibilitem inovações em processos e serviços. Busca a internalização de novas referências, conceitos e tendências, combinando-os com a visão ampliada do negócio e do setor e com o conhecimento existente para a geração das inovações.

Liderança e desenvolvimento de pessoas

Mobiliza os esforços e influencia positivamente as pessoas, reconhecendo contribuições individuais e coletivas, conquistando credibilidade e confiança e a ação da equipe em direção aos objetivos. Envolve direcionar as atividades da equipe para os objetivos definidos; delegar poderes e responsabilidades de acordo com o nível de desenvolvimento dos subordinados e orientar e apoiar o desenvolvimento de cada colaborador, através de ações planejadas e *feedback* constante.

Tomada de decisão

Toma decisões alinhadas aos princípios e valores da organização e à estratégia de negócios, considerando: as alternativas/possibilidades existentes, critérios de prioridade, viabilidade econômico-financeira, custo/benefício, os riscos inerentes e potenciais impactos das decisões.

ESTUDO DE CASO

Felipe achou algumas das competências gerenciais citadas muito genéricas e questionou se especificações assim tão abrangentes costumam ser utilizadas na prática. Patricia relatou preferir quando as competências são mais tangíveis, quando permitem a identificação e mensuração de comportamentos passíveis de observação, contudo, avisou Felipe que é possível encontrar, tanto na teoria como na prática, competências tal qual os exemplos dados. Patricia reforçou a necessidade de uma visão global e do estabelecimento de alguns padrões e critérios antes de iniciar um trabalho de identificação de competências.

Em resumo, pode-se dizer que, quando relacionada com o papel de um líder, a competência pode, muitas vezes, ser mais focada em atitudes do que na tríade conhecimento, habilidade e atitude.

Também para as competências de gestão ou liderança, aconselhamos a utilização dos mesmos critérios para identificação e descrição das competências, ou seja: refletir comportamentos e não conhecimentos; ser passível de observação e mensuração e utilizar verbos que denotam ação. Alguns exemplos de competência de gestão, nessa linha de pensamento, tanto nome como descrição, são apresentados na sequência.

Gerenciamento de processos

Gerenciar processos em conformidade aos padrões e especificações e utilizando as melhores práticas, de forma a atingir os resultados esperados pelos clientes, com foco na avaliação e promoção da melhoria contínua.

Competências Humanas e de Gestão e Liderança

Gestão de projetos

Planejar, especificar e acompanhar as atividades e recursos envolvidos em um projeto, através da aplicação de técnicas específicas, para garantir que o produto ou serviço seja entregue no prazo, dentro dos padrões de qualidade, orçamento e especificações técnicas.

Gestão de saúde e segurança

Gerenciar a Saúde e Segurança dos colaboradores subordinados por meio do cumprimento dos requisitos pertinentes e com o apoio dos profissionais especializados, para preservar a vida, garantir as melhores condições de trabalho e evitar acidentes e doenças.

Gestão Orçamentária

Elaborar e gerenciar o orçamento de custeio e investimentos por meio do desdobramento das diretrizes e metas da empresa, a fim de garantir sua execução conforme planejado.

ESTUDO DE CASO

Felipe gostou da explicação sobre as competências humanas e anotou todos os exemplos. Ele continua surpreso de como a linha teórica adotada impacta significativamente na forma com que o trabalho será desenvolvido na prática. Em seu bloco de anotações, sinalizou o assunto como um ponto de atenção a considerar. Em especial, gostou da possibilidade de diferenciar as competências de gestão e de liderança e achou que, na dependência do tipo de trabalho que vier a desenvolver, essa categorização pode ser útil.

Felipe agora quer entender as formas por meio das quais as competências podem ser mapeadas ou identificadas, próximo assunto que Patricia apresentará.

Resumo Executivo

- As competências humanas devem ser específicas por organização, área de conhecimento, processo ou cargo.

- A aquisição e o desenvolvimento das competências individuais são um processo de aprendizagem, que evolui para alcançar um melhor desempenho.

- As competências humanas podem ser descritas considerando referenciais de desempenho, por meio da adoção de comportamentos passíveis de observação no trabalho.

- As competências podem ser comuns, gerais, a todas as trajetórias, ou específicas por trajetória.

- Uma trajetória profissional é um agrupamento de atribuições e responsabilidades que demandam conhecimentos e habilidades de mesma natureza.

- A diferenciação entre competências técnicas e comportamentais é uma divisão didática.

- O nome de uma competência deve ser formado com o substantivo que reflete a ação representada pela competência.

- Para identificar uma competência, deve-se completar a seguinte frase: "Ser capaz de..." (Ação/Fazer).

- As competências devem ser mensuráveis e treináveis.

- As competências devem ser descritas: o quê, como e para que devem especificar seu conteúdo.

- Alguns verbos, que não expressam tangibilidade, devem ser evitados na redação de uma competência.

- As características de um líder e de um gestor se complementam.

- Nem todos os líderes são gerentes e nem todos os gerentes são líderes.

- Posições gerenciais estão ligadas ao posicionamento no organograma da empresa.

- Competências de liderança apontam fatores relacionados com a atitude e pouco se alteram, independentemente do segmento de atuação da empresa.

- As competências gerenciais são identificadas ou "desdobradas" a partir da definição das competências organizacionais.

- Cada instituição requer um conjunto específico de competências gerenciais cujo desenvolvimento deve ser realizado a partir de um diagnóstico da situação organizacional e do próprio significado do trabalho.

Teste Seu Conhecimento

Vamos verificar o que você aprendeu e fixar alguns dos conceitos mais importantes apresentados até aqui?

Caso a pergunta se refira a experiência profissional e você não a tenha, converse com amigos e familiares, pesquise em publicações especializadas ou então apresente seu ponto de vista tendo como base o conteúdo aprendido neste capítulo. Algumas sugestões de resposta seguem ao final do livro.

1. O que é uma competência humana?
2. Por que as competências humanas devem ser específicas para cada organização, área de conhecimento, processo ou cargo?
3. Cite dois exemplos de competências gerais segundo Dutra (2004).
4. Em sua opinião, faz sentido, considerando o conceito de competências, diferenciá-las em técnicas e comportamentais?
5. Dê exemplos de competências humanas com base no que vimos neste capítulo.

6. Descreva duas das competências que citou considerando a metodologia do "O quê", "Como" e "Para quê".
7. Cite e explique dois verbos que devem ser evitados na descrição de uma competência.
8. Qual a diferença entre líder e gestor? Você consegue perceber, na prática, essa diferença?
9. Qual sua opinião sobre a frase: As competências de liderança aportam fatores fortemente relacionados com a atitude, e pouco se alteram, independentemente do segmento organizacional.
10. As competências gerenciais são específicas da empresa. Você concorda com essa afirmação?

Capítulo 5

O Processo de Mapeamento de Competências

ESTUDO DE CASO

Chegou o momento da explicação por que Felipe tanto ansiava:
- Como as competências podem ser mapeadas?

Patricia avisou que apresentará algumas metodologias possíveis, inclusive aquela que tem utilizado em empresas ao longo dos anos de forma frequente e bem-sucedida.

Vamos acompanhar a explicação.

Até agora temos abordado e enfatizado a importância das competências e a necessidade de um alinhamento prévio sobre seu conceito, categorização e descrição. Agora é o momento de detalharmos como as competências podem ser mapeadas ou identificadas.

Ferreira (2012) aponta, na literatura, três abordagens para a identificação de competências humanas: a voltada para a análise de tarefas, a do incidente crítico e a situacional.

Na abordagem voltada para a análise de tarefas, as competências são relacionadas com as tarefas e atividades de cada cargo. Essa abordagem baseia-se no conceito de descrição de cargo. O trabalho é dividido, fragmentado em pequenas partes, como numa linha de montagem. Está relacionada às tarefas mais mecânicas e repetitivas em um ambiente normalmente estável e sem grandes mudanças.

A abordagem do incidente crítico consiste na identificação de características pessoais críticas, comportamentos e qualificações que distinguem um profissional de alta *performance* de outro com desempenho apenas mediano. As competências são identificadas por meio da análise de um profissional com alto potencial. A partir dessa análise são identificadas as competências necessárias para o desenvolvimento de uma determinada função. A principal desvantagem nessa metodologia é a criação de um modelo estático e com foco em um desempenho passado.

A abordagem situacional consiste na identificação dos resultados esperados que servem de base para o mapeamento de competências. Esse trabalho de identificação pode ser feito por consultores externos, porém é fundamental a participação de especialistas da própria organização. Possui como base o modelo flexível de trabalho e leva em consideração as características do ambiente econômico e empresarial, o desenho e os resultados do trabalho e as competências necessárias a um desempenho extraordinário.

Vamos agora detalhar um exemplo prático de como o processo de mapeamento de competências pode ocorrer, tendo como base o trabalho que temos realizado em empresas de diversos segmentos e portes, bem como o resultado do trabalho de alguns outros autores.

Além das sugestões para mapeamento citadas na sequência, existem outras, incluindo os autores abaixo, que fazem a diferenciação entre competências técnicas (conhecimentos e habilidades) e competências comportamentais (atitude). Para conhecer outros modelos, sugerimos a leitura:

RABAGLIO, M. O. **Gestão por competências: ferramentas para atração e captação de talentos humanos**. Rio de Janeiro: Qualitymark, 2008.

LEME, R. **Seleção e entrevista por competências com o inventário comportamental**. Rio de Janeiro: Qualitymark, 2007.

⊙ Análise documental e observação

O mapeamento de competências via análise documental frequentemente é realizado como uma primeira etapa, antes dos outros tipos de mapeamento. É em especial importante quando o foco são as competências essenciais. Aconselhamos, contudo, que a análise documental seja complementada por outras técnicas.

Dentre os documentos analisados, principalmente quando o foco são as competências organizacionais, destacam-se aqueles em que se tem acesso à missão, à visão e aos objetivos da empresa, bem como outros documentos relativos à estratégia organizacional (CARBONE *et al.*, 2005). É importante também consultar os valores da organização, caso existam, e analisar as informações disponibilizadas tanto na intranet como na internet (*site* corporativo).

Caso o objetivo seja o mapeamento ou a identificação de competências individuais, devem ser solicitados ainda registros que apresentem informações sobre o organograma, descrição dos cargos e políticas diversas de gestão de pessoas.

A observação também pode ser utilizada como forma complementar de identificação de competências. Em um primeiro momento, pode ser utilizada a observação livre, que deverá ser complementada via uma observação mais direcionada, com a utilização de um roteiro de observação, que pode ser elaborado tal qual um questionário, que será a técnica detalhada na sequência.

⦿ Questionário

Brandão (2012) apresenta algumas alternativas para realizar o mapeamento de competências via questionário. Ressalta a importância da aplicação prévia de uma ou mais das técnicas já relatadas com o objetivo de identificar os elementos que irão compor o questionário. Primeiro são identificadas previamente as competências consideradas relevantes para a organização e depois elas são ordenadas e descritas, compondo os itens do questionário. É importante eliminar ambiguidades, duplicidades e irrelevâncias, e, para a elaboração dos enunciados e itens do questionário, devem ser evitadas frases longas e expressões técnicas.

A próxima etapa é a definição da escala mais adequada para a avaliação do grau de importância das competências. Uma alternativa é a utilização da escala, tal qual o exemplo da figura a seguir.

Exemplo de escala Likert

1 – Nada importante
2 – Pouco importante
3 – Importância mediana
4 – Muito importante
5 – Totalmente importante

Um modelo de questionário é apresentado a seguir.

Questionário para mapeamento de competências: escala Likert

Considerando os atuais objetivos da organização em que você trabalha, indique o grau de importância de cada competência atribuindo a cada uma delas um número de 1 a 4, utilizando a escala abaixo para indicar seu nível de importância.

Escala: 1 – Nada importante; 2 – Pouco importante; 3 – Importante; 4 – Muito importante.

Competências	Grau de importância
Análise de cenários: analisar cenários institucionais de longo e curto prazos por meio da utilização de informações relevantes e/ou da aplicação de metodologia específica para apoiar decisões estratégicas da empresa.	( )
Aplicação do programa de Auditoria: aplicar o programa de auditoria, por meio da análise de documentação e realização de entrevistas, para evidenciar o resultado e as conclusões sobre a adequação dos níveis de controle, práticas de governança, riscos do processo e oportunidades de melhoria.	( )
Trabalho em equipe: realizar trabalho em equipe colaborando com seus a fim de atingir os objetivos da equipe de forma colaborativa e integrada.	( )

É importante validar o questionário antes de sua aplicação para verificar se o enunciado, a escala e os itens são compreendidos de forma adequada pelos respondentes. Para tal, sugere-se realizar uma aplicação prévia em um pequeno grupo a fim de identificar eventuais dificuldades de resposta, falhas ou incorreções. Após os ajustes necessários, o questionário pode, então, ser aplicado. A escolha de utilizar o questionário para fins de mapeamento deve considerar uma série de fatores, como: escolaridade, recursos disponíveis para a realização do mapeamento, dispersão geográfica e maturidade dos respondentes para dedicarem tempo e reflexão para o preenchimento do instrumento de coleta de dados, entre outros.

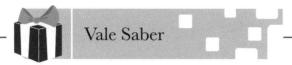

Vale Saber

Hoje em dia é possível encontrar *softwares* – pagos ou gratuitos – com funcionalidades e "pacotes" diferenciados – que permitam que a coleta de dados seja feita via *web* e que possuam uma tabulação de respostas automatizada. Abaixo seguem alguns:

- Qualtrics - http://www.qualtrics.com/
- Survey Monkey - http://pt.surveymonkey.com/
- Sphinx - http://sphinxbrasil.com.br/
- Google docs - https://docs.google.com/?pli=1# (opção formulários)

É interessante consultar os *sites* para identificar as características e funcionalidades de cada ferramenta e, também, para verificar aquela que melhor se adapta às necessidades de sua empresa.

▷ EXERCÍCIO DE APLICAÇÃO

Navegue pelos *softwares* informados e por outros que porventura vier a descobrir e avalie qual deles seria o mais adequado à sua realidade. Sugerimos que essa avaliação seja feita de forma comparativa, considerando, entre outros, os itens listados a seguir.

- É gratuito?
- Caso haja custo, de quanto é? É um custo fixo ou varia na dependência da quantidade de respondentes?
- Existe senha de acesso por respondente?
- Fornece relatórios prontos com a tabulação das respostas?
- Existe limitação da quantidade de respondentes?
- Permite a identificação do respondente?
- Possui interface amigável tanto para a inserção das perguntas como para o cadastramento das respostas?

- Qual o nível de dificuldade para inserir as perguntas e as escalas de resposta?

_____
_____
_____
_____
_____
_____
_____

Além do questionário, é possível também utilizar grupos focais ou entrevistas para identificação de competências.

◉ Grupos focais ou entrevistas

Quando o mapeamento considerar as competências profissionais e envolver conhecimentos muito específicos e especializados, sugerimos que seja realizado por consultores externos à organização em parceria com os profissionais (técnicos, especialistas e gestores) da empresa, sempre com o acompanhamento de um ponto focal que atua na área de Gestão de Pessoas, de forma a possibilitar a transmissão do conhecimento tácito, da metodologia utilizada e dos acordos que são inerentes ao processo de mapeamento.

O trabalho se inicia com uma imersão dos consultores na empresa. Durante esse período, eles solicitam e estudam documentos e aspectos diversos da organização, como, por exemplo, sua cultura organizacional, grau de centralização do poder e forma de estruturação da área de Gestão de Pessoas. Podem ainda realizar entrevistas individuais ou coletivas com profissionais de diversas áreas, incluindo gestores. O material coletado é analisado e consolidado e utilizado como material de apoio na construção do mapa ou catálogo de competências da organização. É importante definir se as competências serão mapeadas por cargo, por processo ou por área de conhecimento. Outro ponto relevante é a discussão de se a apresentação das competências será ou não feita considerando as Gerências e Diretorias da organização, visando facilitar a consulta por parte dos profissionais, que assim poderão localizar com maior facilidade e agilidade o que é esperado de sua atuação.

Para mapear competências é necessário um planejamento, composto de etapas predefinidas. O porte da empresa e a dispersão geográfica de suas filiais apontarão o nível de importância da elaboração de um cronograma de trabalho detalhado.

> Uma ferramenta de planejamento de grande utilidade para o profissional que atua com Gestão de Pessoas é o cronograma. Pode ser utilizado para distribuir atividades e responsabilidades ao longo de um tempo determinado, que pode ser um dia, uma semana, um mês, um ano, enfim, qualquer período de tempo. Inúmeros são os modelos de cronograma existentes. Consulte um exemplo no link: http://office.microsoft.com/pt-br/templates/cronograma-de-trabalho-diario-TC102780252.aspx Acesso em: out. 2014.

A seguir, detalharemos as etapas para mapeamento de competências que foi realizado em uma organização que optou por organizá-las por processo e não por cargo (FERREIRA, 2012). O caso é real, porém as informações estão adaptadas de forma a que a empresa não seja identificada.

Etapas do processo de mapeamento de competências

O primeiro passo é realizar um estudo detalhado sobre a empresa, identificando: história, missão, visão e valores; organograma; negócios em que atua; cultura organizacional; áreas de Gestão de Pessoas envolvidas, entre outros.

Essas informações podem ser obtidas de diversas formas, por exemplo: acesso ao *site* da empresa, análise de documentos internos e reuniões/entrevistas com profissionais da empresa.

Após a análise das informações inicialmente obtidas, a empresa foi dividida em áreas de atuação ou áreas de conhecimento.

Áreas de atuação: podem ser áreas de negócio ou áreas de apoio. Representam um conjunto de processos e competências afins e complementares que refletem um conhecimento estratégico para uma determinada organização. Alguns exemplos de áreas de atuação são apresentados na sequência:
- Recursos humanos
- Marketing
- Manutenção
- Operação
- Finanças

O conceito de áreas de atuação assemelha-se ao de trajetória profissional já apresentado. É possível ainda encontrar referência a palavra "Disciplina" para referenciar o que aqui chamamos de área de atuação (Exemplos de disciplina: Manutenção, Serviços Compartilhados, Recursos Humanos, Logística, Comercial, entre outros).

Não existe uma lista fixa e predeterminada das áreas de atuação. Depende de cada organização, do negócio em que atua, do quantitativo de empregados, de seu nível de especialização, da forma com que ela está estruturada e dispersa geograficamente (pode ter apenas a matriz ou filiais em um estado, em uma ou mais regiões, e até mesmo atuação em nível internacional).

O maior desafio do processo de mapeamento via realização de grupos focais é conseguir que os profissionais, os empregados da empresa, "saiam" de sua rotina do dia a dia e participem do processo de forma ativa e engajada. Isso é possível a partir do momento em que se sensibilizam e compreendem a necessidade do trabalho e o retorno que terão caso o trabalho seja benfeito. Por isso, aconselhamos que haja uma ampla divulgação dos objetivos e resultados do processo de mapeamento de competências. Várias são as formas de como a comunicação pode ser feita, por exemplo, palestras, *e-mails*, boletins e jornais internos, murais, atuação dos *business partners* junto às áreas, bem como utilização de qualquer tipo de mídia que atinja os profissionais da empresa. É importante que a empresa elabore um Plano de Comunicação detalhado para o projeto.

Vale Saber

O conceito de *HR business partner* (BP) foi lançado por David Ulrich no livro *Human resource champions*. Diz respeito à atuação do RH como um consultor interno com o objetivo de aproximar o departamento da área de negócios. É comum que o BP seja alocado nas áreas de negócio, das diretorias, de forma a atender mais prontamente às demandas das áreas. Na prática, contudo, existem várias atuações diferentes dos BPs nas empresas.

Mas o que é um Plano de Comunicação? Caso a organização em que você atua tenha uma área de Comunicação Interna, ela poderá facilitar o processo.

O Plano de Comunicação visa planejar como os principais *stakeholders* internos terão conhecimento sobre um determinado assunto ou projeto. Visa fornecer informações sobre:
– Como será feita a divulgação inicial do trabalho?
– Quais são os principais *stakeholders* envolvidos no projeto e como serão abordados?
– Como e quando os gestores serão abordados?
– Como será feito o convite dos profissionais que colaborarão no mapeamento de competências?
– Como serão divulgados os resultados parciais?
– Como será divulgado o resultado final?
– Como será feito o lançamento do produto final do trabalho?
– Como será disponibilizado o catálogo de competências da empresa?
– Como os resultados e ganhos do trabalho serão comunicados à empresa?

Para Pensar

Como é a hierarquia na empresa em que você atua? Muito rígida, formal ou mais fluida? Você já se questionou da importância de considerar a hierarquia quando for desenvolver qualquer tipo de projeto? Em especial em empresas muito hierarquizadas, é fundamental iniciar o alinhamento com a Presidência e a Diretoria, abordar os Gerentes, Coordenadores e Supervisores, para, só então, acessar os empregados. Uma comunicação inadequada põe em risco qualquer projeto. Qual seria o procedimento mais aconselhável na empresa em que você atua?

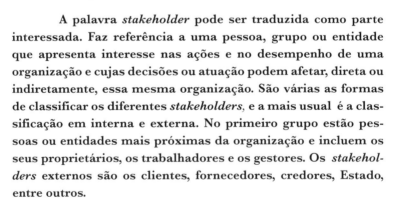

Vale Saber

A palavra *stakeholder* pode ser traduzida como parte interessada. Faz referência a uma pessoa, grupo ou entidade que apresenta interesse nas ações e no desempenho de uma organização e cujas decisões ou atuação podem afetar, direta ou indiretamente, essa mesma organização. São várias as formas de classificar os diferentes *stakeholders*, e a mais usual é a classificação em interna e externa. No primeiro grupo estão pessoas ou entidades mais próximas da organização e incluem os seus proprietários, os trabalhadores e os gestores. Os *stakeholders* externos são os clientes, fornecedores, credores, Estado, entre outros.

O Plano de Comunicação deve considerar a necessidade de haver parceria com os gestores das áreas que serão mapeadas. É preciso conquistar patrocinadores, ou *sponsors*, em cada área de negócio ou diretoria, que incentivarão a colaboração dos demais profissionais e reforçarão a importância do projeto. A atuação deles será de facilitação do processo e interferência, caso necessário.

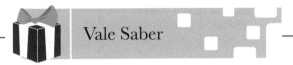

     Você sabe o que é e o que representa a figura do *sponsor* ou patrocinador? É um termo muito comum em implantação de projetos. E sobre a importância dele ou deles para a implantação de um novo processo ou projeto? É fundamental identificar as partes interessadas ou afetadas por qualquer nova implantação para buscar apoio, respaldo e facilitação da execução das atividades. Podemos definir o patrocinador como alguém com muito interesse pelo projeto, que irá garantir recursos para que seja executado, com disponibilidade, poder e influência suficiente para advogar em favor dos propósitos do projeto. Em outras palavras, é quem apoia o projeto na organização e que apoia o projeto tanto em termos financeiros quanto com respaldo político, garantindo os recursos (verba e tempo dos envolvidos) quando necessário.

É importante que o trabalho se inicie com um mapeamento preliminar dos processos da área foco do trabalho, que pode ser feito com o patrocinador ou com qualquer profissional que tenha profundo conhecimento sobre aquela área de atuação. Um material de fundamental importância nesse momento é o organograma da empresa, com detalhamento das áreas funcionais.

     Processos: conjunto sequencial de tarefas com o objetivo de atingir uma meta, um resultado concreto. Possuem entradas (*inputs*) que são processadas e saídas (*outputs*) e geram resultados para o negócio.

Como exemplos de processos, considerando as áreas de atuação exemplificadas anteriormente, podemos ter:

É muito comum que as áreas de atuação correspondam a diretorias e que os processos correspondam a gerências, pois a estrutura da organização tende a ser planejada considerando atividades afins ou complementares. É sempre importante consultar o organograma da empresa (ou os organogramas) para entender melhor a forma de organização das áreas, processos e atividades, bem como se existem processos compartilhados com várias áreas diferentes.

O mapeamento preliminar dos processos tem como objetivo fazer com que a indicação dos profissionais que irão compor o comitê técnico seja representativa daquela área de atuação. O gestor deve ser orientado a escolher mais de um profissional de cada processo, para que diferentes visões possam ser consideradas. Isso é especialmente importante quando a empresa possui filiais em outros estados. A participação dos profissionais no processo de construção se dá por meio de entrevistas individuais ou coletivas, participação em grupos focais e fornecimento de materiais e a validação de informações e registros.

O Processo de Mapeamento de Competências — 79

ESTUDO DE CASO

Felipe começou a se perguntar qual seria o perfil desse especialista, profissional da área técnica que poderia contribuir para a identificação de competências. Simplesmente pedir a indicação do gestor não seria suficiente: quais critérios o gestor deveria utilizar para que a escolha fosse acertada? Vamos ajudá-lo?

Características do especialista

O produto final do trabalho, sua estrutura, pode ser visualizado na figura a seguir.

Estrutura do mapeamento de competências por processo

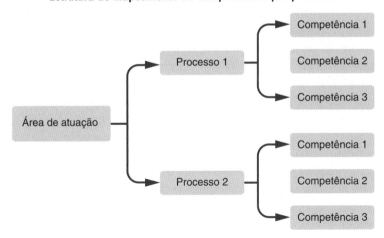

A etapa 2 do processo é o planejamento e a realização do mapeamento.
As sessões de trabalho para levantamento de informações podem ser individuais (entrevistas) ou coletivas (sessões de trabalho, comitês ou grupos focais).
É aconselhável que sejam bem planejadas para evitar improvisos e imprevistos. Um exemplo de planejamento é mostrado na figura seguinte. As atividades, seus objetivos, bem como as estratégias a serem utilizadas e o tempo de duração, devem ser especificados (FERREIRA, 2012).

Planejamento – Exemplo

Atividade	Objetivo	Estratégia	Recursos	Duração	Avaliação
Apresentação dos participantes	Fazer com que todos se conheçam.	Solicitar que todos se apresentem seguindo roteiro preestabelecido no *slide* projetado no telão.	Apresentação em PowerPoint	30 min	Observar se todos se apresentaram.
Exibição de vídeo	Estimular o debate sobre a importância do trabalho na empresa.	Exibir o vídeo e, em seguida, dirigir o debate do grupo a partir de perguntas projetadas no *slide*.	Vídeo Apresentação em PowerPoint	20 min	Verificar se todos participaram, esgotando o assunto em questão.

A boa condução de uma sessão de trabalho é vital para a obtenção das informações necessárias para o mapeamento das competências, em especial daquelas com viés mais técnico. Na sessão de trabalho, individual ou coletiva, são validados os processos, identificadas as competências e redigidas suas descrições. Na dependência da finalidade do mapeamento, podem ainda ser identificados os níveis de complexidade e os treinamentos necessários para o desenvolvimento das competências. Esses temas serão aprofundados em outro capítulo do livro.

O nome das competências, bem como sua descrição, deve seguir um padrão, a ser estabelecido de acordo com a realidade de cada empresa. Aconselhamos que sejam identificadas, no máximo, seis competências por processo a fim de que o mapeamento tenha a simplicidade necessária para que seja válido e útil, sem "hiperinflacionar" os processos, o que pode ser uma tendência daqueles que estão atuando no mapeamento. Uma competência representa um conjunto de atividades, então deve-se sempre verificar se se trata mesmo de uma competência ou de uma atividade que pode ser agregada a outras para a formação da competência.

Conforme já apresentado, sugerimos que a competência expresse uma ação concreta que represente comportamentos passíveis de observação no ambiente de trabalho. O nome da competência deve se iniciar com o substantivo que reflete a ação representada pela competência. Ao identificarmos uma competência, devemos ter cuidado para completar a seguinte frase: "Ser capaz de..." (Ação/Fazer). É importante que as competências sejam mensuráveis e treináveis.

Além do nome da competência, a sugestão é que ela seja descrita, isto é, que seja especificado o seu: "o quê", "como" e "para quê". A descrição da competência é importante para detalhar seu conteúdo e uniformizar a compreensão por parte de todos que, posteriormente, terão acesso ao material. O "o quê" especifica uma ação, o "como", o meio para executar a ação, e o "para quê", o objetivo da ação. Seguem alguns exemplos:

Competência	Descrição
Análise da dinâmica dos mercados	Analisar a dinâmica dos mercados que afetam os serviços – pelo acompanhamento de dados setoriais obtidos de fontes diversas – para indicar oportunidades de negócios em sua área de atuação e dar suporte às decisões estratégicas e à elaboração da carteira de projetos da empresa.
Análise e gestão de riscos do projeto e empreendimento	Avaliar, qualificar, classificar e, sempre que possível, mensurar as diversas naturezas de risco do projeto e empreendimento, utilizando técnicas e processos usuais, para estabelecer ações mitigadoras/planos de contingência e suportar o processo de tomada de decisão.
Projeto de instalações industriais	Conceber e projetar instalações industriais, sistemas e utilidades compatíveis com o porte e a vida útil do empreendimento – por meio da análise da rota de processo, seleção e dimensionamento de equipamentos e considerando condições locais específicas – de modo a garantir a eficiência e a confiabilidade operacional e minimizar custos e riscos operacionais, ambientais e de segurança.
Gestão de propriedade intelectual	Gerenciar e negociar propriedades intelectuais, por meio do estabelecimento de estratégias, pesquisas, acompanhamento de competidores e conhecimento das legislações aplicáveis, para que sejam licenciadas ou adquiridas.

Vejamos agora um exemplo da área de atuação **Finanças**, cujos processos mapeados foram: Finanças Corporativas, Gestão de Controladas, Gestão de Riscos, Orçamento e Relações com Investidores.

As competências identificadas para o processo Finanças Corporativas foram:

Competências do processo finanças corporativas

Análise econômico – financeira	Analisar os resultados econômicos e financeiros por meio do acompanhamento de indicadores específicos para informar os gestores e investidores e subsidiar a tomada de decisões.
Contratação de operações financeiras	Contratar operações de câmbio, derivativos, aplicações financeiras e garantias bancárias no Brasil e no exterior, por meio de negociações com instituições, para garantir as melhores condições financeiras.
Controle de operações financeiras	Controlar as operações financeiras (dívidas, aplicações e derivativos), contratadas por meio de sistemas integrados para fins de monitoramento, programação financeira e relatório de informações.
Estruturação de fusões e aquisições	Estruturar as transações de fusões, aquisições, desinvestimento e reestruturação societária no Brasil, aplicando técnicas específicas para atingir os objetivos estratégicos da organização.

Repare que na descrição de competências evita-se detalhar nomes de departamento, técnicas ou *softwares* específicos, visto que são informações que mudam com bastante frequência nas organizações e que, se utilizadas, podem diminuir a "vida útil" das competências.

ESTUDO DE CASO

Felipe achou muito prático o conselho de não detalhar equipamentos, *softwares*, técnicas específicas e nomes de departamentos na descrição das competências.

Nas empresas em que atuou, a cada ano, os departamentos eram revistos (nome e estrutura), logo, detalhar aspectos transitórios ou mutáveis pode representar um desperdício de recursos, como tempo e dinheiro. De fato, focar aspectos mais duradouros parece mais sensato e produtivo. Lembrou ainda, vinculado à competência Gestão de Projetos, de empresas que utilizavam o MS Project e que passaram a utilizar o Primavera. Já imaginou se a descrição da competência mencionasse a técnica específica utilizada no momento do mapeamento? Seria necessário um grande controle para evitar a desatualização rápida das competências se esse nível de detalhamento fosse apresentado.

Também é possível realizar o mapeamento por cargo ou função. Quando o objetivo for esse, é útil estudar, com antecedência, as descrições de cargos existentes. A tabela que se segue apresenta um exemplo das competências identificadas para o cargo de Analista Administrativo, em seus três níveis, júnior, pleno e sênior.

Competências do cargo analista administrativo

Competência	Analista administrativo		
	Júnior	Pleno	Sênior
Administração de contratos	X	X	X
Análise de documentação			X
Controle de documentação	X		
Elaboração de relatórios	X	X	X
Fiscalização de contratos		X	X
Gestão de dados e informações			X

Outra forma de visualização de competências identificadas por cargo, tendo como exemplo o cargo operacional/técnico Operador de Produção, é apresentada na figura a seguir.

Exemplo de competências do cargo Operador de Produção

ESTUDO DE CASO

Felipe se animou com a explicação e começou a tentar aplicar em sua realidade o que foi falado. Para testar seu nível de compreensão, escolheu uma área de conhecimento na qual possuía bastante experiência: Gestão de Pessoas. Conseguiu identificar, nessa área, considerando sua empresa atual, os seguintes processos: Recrutamento e Seleção, Planejamento de Pessoal, Remuneração e Avaliação de Desempenho e Potencial. Escolha um processo e tente identificar competências que poderiam compô-lo (pelo menos três).

Processo escolhido: _____

Competência	Descrição (o quê, como e para quê)

Após realizada a reunião (ou reuniões) para o mapeamento de competências, é importante organizar e validar o catálogo de construído, bem como identificar a possibilidade de haver competências gerais (comuns a todos os cargos, processos ou áreas de atuação) dentre aquelas mapeadas. As competências gerais tendem a ter relação com a estratégia da empresa, ou seja, aquilo que ela espera que todos os empregados, independentemente da área ou nível de atuação, possuam ou manifestem em seu desempenho no trabalho.

Nessa etapa devem ser consolidadas e organizadas as informações levantadas nas sessões de trabalho (ou grupos focais ou entrevistas coletivas). É muito importante que sejam estabelecidos padrões para nomenclatura e descrição das competências, visto que se trata, em última instância, de um grande banco de dados, que deve ser formado de modo a evitar inconsistências e ambiguidades. Sugerimos que para a consolidação e análise de informações sejam utilizados programas como Excel e Access.

Ao final da consolidação, o catálogo deve ser enviado para validação daqueles que foram identificados como validadores na etapa de alinhamento que precedeu o trabalho de mapeamento. A validação é importante para dar credibilidade ao processo e seus produtos, bem como para que a área se aproprie do conteúdo, entendendo sua coautoria e responsabilidade pelo produto final. O formato da validação deverá também ser objeto de alinhamento, pois diversas são as alternativas, como, por exemplo, via apresentação individual ou comitê, envio dos resultados por *email*, ou uma combinação de ambos.

Concluído o trabalho de construção e validação, é importante que haja uma divulgação, a disponibilização do catálogo de competências, respeitados os níveis de acesso considerando a cultura de cada organização. É importante ainda, nesse momento, reforçar uma vez mais os objetivos do trabalho de identificação de competências e como o material será utilizado pela organização. Como é um material que pode servir de base para vários processos ligados à Gestão de Pessoas, aconselhamos que o material seja divulgado para todos os profissionais da empresa.

Sugere-se, principalmente em organizações com uma área de Gestão de Pessoas "Corporativa" e áreas de Gestão de Pessoas "Locais" e *business partners*, que seja dada uma atenção especial aos profissionais de Gestão de Pessoas, que deverão entender o conteúdo do catálogo para que possam orientar os demais profissionais e gestores da empresa sobre sua utilização e importância.

> **Para Pensar**
>
> Como é a estrutura da área de Gestão de Pessoas da organização em que você atua? A área de Gestão de Pessoas é muito grande? O nível de especialização dos processos é alto e existem profissionais responsáveis por um ou mais processos de GP ou as atividades são centralizadas? Existem uma área normativa e corporativa, outras de suporte ao negócio e ainda áreas locais, por conta da necessidade de atendimento local? Na dependência do porte da empresa e da forma como suas atividades são organizadas, o trabalho de alinhamento precisará ser detalhado e extenso, de modo a envolver todos os profissionais de GP no projeto.

O catálogo de competências é a base para a construção de itinerários de formação, que podem estar relacionados com os cargos ou os processos de trabalho. O itinerário de formação apresenta as ações de treinamento que devem ser realizadas pelos empregados para o desenvolvimento ou aperfeiçoamento de seu trabalho em determinada função ou área de atuação. Além disso, o catálogo de competências pode ser utilizado com inúmeras outras finalidades, por exemplo, no processo de seleção, na avaliação de desempenho e potencial, na estruturação de carreira e remuneração, como será detalhado na sequência.

ESTUDO DE CASO

Felipe gostou de conhecer as diferentes técnicas que podem ser utilizadas no mapeamento ou identificação de competências. Ele resolveu elaborar um quadro com as principais vantagens e desvantagens de cada uma delas. Quais seriam suas respostas?

Técnica	Pontos fortes	Pontos fracos
1. Análise documental		
2. Questionário		
3. Grupo focal		
4. Entrevista individual		

Resumo Executivo

- Existem três abordagens para a identificação de competências humanas: a voltada para a análise das tarefas, a do incidente crítico e a situacional.

- Abordagem voltada para a análise de tarefas: competências são relacionadas com as tarefas e atividades de cada cargo.

- Abordagem do incidente crítico: identificação de características pessoais críticas, comportamentos e qualificações que distinguem um profissional de alta *performance* de outro com desempenho apenas mediano.

- Abordagem situacional: identificação dos resultados esperados que servem de base para o mapeamento de competências.

- Principais instrumentos para o mapeamento de competências: documentos, observação, questionário, entrevistas e grupos focais.

- A análise documental é especialmente importante para o mapeamento das competências essenciais da organização.

- Dentre os documentos analisados destacam-se: missão, visão de futuro, objetivos e valores da empresa.

- A elaboração do questionário requer a aplicação prévia de outras técnicas (análise documental, observação e entrevista).

- O questionário deve ser claro e objetivo, sem ambiguidades, duplicidades e irrelevâncias.

- Quando o mapeamento considerar as competências profissionais e envolver conhecimentos específicos e especializados, sugerimos a realização de entrevistas em grupo ou grupos focais.

- É necessário validar o produto do mapeamento para garantir alinhamento e comprometimento da alta direção da empresa, ou de gestores indicados como validadores.

- Deve ser elaborado um Plano de Comunicação para o projeto.

- O Plano de Comunicação visa planejar como os principais *stakeholder*s terão conhecimento sobre um determinado assunto ou projeto.

- Sugere-se que seja utilizado como parâmetro o mapeamento de até seis competências por processo a fim de que o mapeamento tenha a simplicidade necessária para que seja válido e útil.

- A competência deve expressar uma ação concreta que represente comportamentos passíveis de observação no ambiente de trabalho.

- A competência deve ser descrita de forma padrão, especificando: "o quê", "como" e "para quê".

- A descrição da competência deve detalhar seu conteúdo para uniformizar a compreensão.

Teste Seu Conhecimento

Vamos verificar o que você aprendeu e fixar alguns dos conceitos mais importantes apresentados até aqui?

Caso a pergunta se refira a experiência profissional e você não a tenha, converse com amigos e familiares, pesquise em publicações especializadas ou então apresente seu ponto de vista tendo como base o conteúdo aprendido neste capítulo. Algumas sugestões de resposta seguem ao final do livro.

1. Explique a abordagem de identificação de competências voltada para os incidentes críticos.
2. Quando o mapeamento por competências via análise documental é indicado?
3. Quais são os principais documentos que devem ser analisados no mapeamento de competências via análise documental?
4. Uma empresa pretende realizar o mapeamento de competências apenas por via documental. Qual a sua opinião sobre isso?
5. Qual a principal desvantagem da utilização de uma escala Likert com uma quantidade ímpar de itens?
6. Quando o questionário deve ser utilizado como instrumento principal de coleta de informações?
7. Quando é indicado realizar o mapeamento de competências via entrevistas em grupo ou grupos focais?
8. Qual a importância de haver um plano de comunicação quando a organização optar por realizar o mapeamento de competências?
9. É importante haver um padrão na redação das competências e em sua descrição?
10. Podemos dizer que matemática financeira é uma competência?

Capítulo 6

Gestão de Pessoas por Competências

É importante, em um processo de Gestão por Competências, que todos os subsistemas e atividades de gestão de pessoas sejam estruturados em torno da aplicação do conceito de competência. Não é incomum, contudo, que a empresa inicie os trabalhos sem uma visão mais abrangente dos impactos que pode haver nos subsistemas de Gestão de Pessoas. Na sequência detalharemos como a Gestão por Competências impacta as atividades de seleção, avaliação de desempenho e potencial e carreira e remuneração. Antes da realização do mapeamento, da identificação das competências, é importante haver a definição de como ele será utilizado em cada um dos subsistemas a fim de que o melhor formato e estratégia de mapeamento sejam utilizados. Em outras palavras, na dependência do objetivo a ser alcançado, a melhor estratégia pode ser escolhida.

ESTUDO DE CASO

Após entender melhor o conceito de competência, suas classificações e diferentes formas de mapeamento, Felipe está ansioso por verificar quais são os impactos nos processos de gestão de pessoas, próximo tópico que será abordado por Patricia.

Vamos acompanhar a explicação.

⊙ Seleção

Segundo Ferreira (2013), a seleção é a forma como a empresa escolhe, dentre os candidatos atraídos ou recrutados, aqueles que irão ingressar na organização. É uma atividade de comparação, escolha e de decisão, diferente daquela da fase de atração, em que se procuram candidatos para ocupar as vagas.

A seleção é o meio pelo qual a organização busca satisfazer suas necessidades de profissionais, identificando as pessoas mais qualificadas para ocupar um determinado cargo. Isso é feito via aferição das motivações, experiências e características pessoais dos candidatos e comparação dessas informações com o perfil da vaga em aberto.

Seleção: comparação

Cargo	Candidato
• Especificações do cargo	• Características do candidato
• O que o cargo requer	• O que o candidato oferece
• Análise e descrição do cargo	• Técnicas de seleção

A seleção por competências é cada vez mais usual, apesar de não haver um consenso conceitual e prático sobre o assunto.

Autores como Leme (2007) e Rabaglio (2008) consideram a existência de competências técnicas e comportamentais. A competência técnica envolveria os conhecimentos e as habilidades (o saber e o saber fazer), enquanto a competência comportamental representaria a atitude, o querer fazer. Leme (2007), contudo, deixa claro que diferenciar competências técnicas das comportamentais é um mero recurso didático, visto que a competência compreende tanto um conhecimento, como uma habilidade, quanto uma atitude.

Para que a seleção por competência possa acontecer, é fundamental que a empresa já tenha mapeado suas competências organizacionais e aquelas que constituem os perfis de cargo ou função. Essas últimas podem ser subdivididas em técnicas (normalmente relacionadas com conhecimentos e habilidades) e comportamentais (relacionadas com as atitudes necessárias para o ocupante do cargo).

Para identificar e mensurar as competências necessárias para determinada oportunidade em aberto, ainda segundo Rabaglio (2008), deve-se utilizar como fonte a descrição do cargo.

Como exemplo, vamos utilizar um trecho da descrição do cargo de Auxiliar de Recursos Humanos (RH), tal como ilustrado no quadro a seguir. Tendo como base as principais atividades/indicadores de cada cargo, são identificadas as competências técnicas e comportamentais necessárias ao desempenho.

Trecho da descrição do cargo de Auxiliar de RH

(A) Principais atividades/ indicadores de comportamento	(B) Conhecimentos e habilidades (competência técnica)	(C) Atitude (competência comportamental)
Operacionalizar rotinas trabalhistas como controle de férias, frequência, licenças e rescisões contratuais (fazendo os devidos registros para a empresa e para a informação aos empregados).	Cálculos financeiros. Fundamentos da legislação trabalhista. Conhecimento das normas trabalhistas utilizadas na empresa. Utilização do sistema de pessoal. Técnicas de atendimento.	Relacionamento interpessoal. Trabalho em equipe. Organização. Atenção. Disciplina.
Auxiliar no controle e na distribuição de adicionais e vantagens aos empregados como vale-transporte e vale-refeição e cálculo de bonificações, zelando pela aplicação correta e otimizada desses itens.	Cálculos financeiros. Utilização do sistema de pessoal. Técnicas de atendimento.	Organização. Proatividade. Relacionamento interpessoal. Atenção. Disciplina.
Conceder declarações para ex-empregados, submetendo-as ao visto da gerência.	Redação. Utilização do sistema de pessoal.	Organização. Comunicação. Disponibilidade. Relacionamento interpessoal. Disciplina.
Providenciar os registros dos admitidos nos cadastros da empresa e de órgãos competentes para regularizar a relação de trabalho.	Utilização do sistema de pessoal. Fundamentos de legislação trabalhista.	Organização. Atenção. Disciplina.

As competências técnicas (conhecimentos e habilidades demandados pelo cargo) são aquelas normalmente já trabalhadas nos processos seletivos, logo não serão objeto de maior aprofundamento aqui. Depois de mapeadas as competências técnicas e comportamentais, utilizando as descrições dos cargos, pode-se agrupar as competências comportamentais por similaridade, por exemplo, aquelas orientadas para resultados, para clientes, para comunicação, para liderança, entre outras. O tipo de agrupamento pode variar na dependência de cada empresa.

Retomando o exemplo do cargo de Auxiliar de RH, as competências comportamentais podem ser dispostas em dois grupos, tal qual apresentado no quadro que se segue.

Exemplo de grupos de competência

Competências orientadas para resultado	Competências orientadas para o cliente
Organização Atenção Disciplina	Relacionamento interpessoal. Trabalho em equipe.
Organização Proatividade Atenção Disciplina	Relacionamento interpessoal.
Organização Disciplina	Comunicação. Disponibilidade. Relacionamento interpessoal.
Organização Atenção Disciplina	

É possível identificar quatro indicadores de comportamento/atividades no exemplo de Auxiliar de RH. Todos apontam para competências orientadas para o resultado e apenas três são relacionados também com as competências orientadas para o cliente, conforme ilustrado no quadro anterior. É possível graduar a importância dos grupos de competência de acordo com sua frequência, o que pode ser feito via elaboração de outra tabela, ilustrada na sequência.

Frequência das competências e graus

Número de indicações/frequência	Critérios de mensuração/grau
1	1
2	2
3	3
4	4

Continuando com o exemplo do cargo de Auxiliar de RH, o primeiro grupo de competências (orientadas para o resultado) terá o grau 4, enquanto o segundo (competências orientadas para o cliente) terá o grau 3. Após formados os grupos de competência e atribuídos graus de acordo com sua frequência de "aparição" nos indicadores de comportamento do cargo, pode-se construir o quadro a seguir.

Graus de necessidade do grupo de competências para o cargo

Grau	Significado	Conceito
1	Mínimo	Mínima necessidade do grupo de competências para o cargo.
2	Regular	Necessidade regular do grupo de competências para o cargo.
3	Frequente	Necessidade frequente do grupo de competências para o cargo.
4	Imprescindível	Total necessidade do grupo de competências para o cargo.

Pode-se dizer que, em relação ao cargo que estamos usando como exemplo, os graus exigidos para seu adequado preenchimento são:

Auxiliar de RH: graus dos grupos de competências

Grupo de competências	Grau do cargo
Orientadas para resultados	4
Orientadas para o cliente	3

Após a identificação e graduação dos grupos de competências do cargo, é possível a aplicação da entrevista comportamental. Trata-se de uma técnica de investigação cujo objetivo é identificar, no perfil dos candidatos, comportamentos específicos que são pré-requisitos para ocupar de forma adequada a vaga que está em aberto.

As perguntas comportamentais são abertas, específicas, situacionais e relacionadas com fatos passados (exemplos: "Conte alguma situação em que você tenha..." "Relate algum fato que demonstre sua...", "Dê um exemplo de uma situação em que..."). O objetivo desse tipo de pergunta é viabilizar respostas com um SAC completo (Situação, Ação e Consequências). Temos então, segundo Rabaglio (2008) que:

- **S**ituação: contexto em que a situação ocorreu;
- **A**ção: comportamento da pessoa ao lidar com a situação;
- **C**onsequência: resultados das ações ou comportamentos.

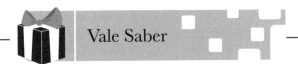

Leme (2007) faz referência a CAR em vez de SAC, porém atribuindo o mesmo sentido:
C ontexto
A ção
R esultado

Um exemplo de pergunta comportamental que pode ser formulada, considerando ainda o cargo de Auxiliar de RH é: "Apresente um exemplo de situação em que você teve que cumprir atividades para alcançar um determinado objetivo fora de sua rotina normal de trabalho." Nesse caso específico, o objetivo da pergunta é identificar a presença ou não da competência **Disciplina**.

Confira no Apêndice A outros exemplos de perguntas comportamentais que podem ser utilizadas.

A resposta do candidato, já buscando verificar a estrutura do SAC, segue apresentada.

Análise da resposta do candidato

Situação

A empresa migrou a folha de pagamento para outro sistema — passou a utilizar outro *software* — e tive que manter o cadastro e os cálculos nos dois sistemas para comparar as informações.

Ação

Uma vez que o trabalho foi duplicado, sem a contratação de mão de obra temporária para ajudar nos lançamentos, tive que elaborar e cumprir um cronograma detalhado de atividades para dar conta do trabalho.

Consequências

A migração do sistema de folha de pagamento foi feita sem erros, ainda que com algumas horas extras.

Na análise das respostas dos candidatos, devem ser identificados verbos relacionados com a ação, conjugados na primeira pessoa do singular (eu). Caso contrário, é necessário investigar a real participação da pessoa na ação por ela mencionada, bem como seu nível de envolvimento.

Outro ponto importante da entrevista comportamental é a mensuração das respostas. Caso o entrevistador perceba que a resposta do candidato apresentou a quantidade mínima do comportamento investigado, atribuirá o grau 1; caso perceba a quantidade máxima, deverá ser atribuído o grau 4; para posições medianas, tendendo para menos, o grau 2, e, caso tenda para mais, o grau mais adequado para a resposta do candidato é o 3.

O procedimento de atribuição de graus às respostas dos candidatos deve ser repetido para cada pergunta, de forma que todas as respostas sejam mensuradas.

As perguntas comportamentais devem obter SACs relacionados com competências relevantes para a vaga em aberto, por isso, precisam ser adequadamente formuladas. Não adianta nada aferir o nível de criatividade de uma pessoa se a competência em questão não é relevante ou importante para o desempenho no cargo que ocupa.

Retomando o exemplo do candidato à vaga de Auxiliar de RH, vamos considerar que na resposta à pergunta comportamental para aferir a existência da competência Disciplina foi avaliada a existência da competência orientada para resultado no grau 4, maior grau possível.

Agora, digamos que foram feitas a um determinado candidato quatro perguntas relacionadas com as competências do grupo orientação para resultados e o candidato tirou 4, 4, 3 e 3. Sua nota final será de 3,5 (4 + 4 + 3 + 3)/4.

Supondo, ainda, que o grau requerido para esse tipo de competência para o cargo em questão é 4, concluímos que o candidato está bem próximo do desejado, contudo ainda possui deficiências (*gaps*) comportamentais que podem ter algum nível de interferência no desempenho do cargo.

Para Pensar

O que achou da oportunidade de "mensuração" das respostas dos candidatos a fim de obter um critério mais "objetivo" para a escolha do candidato com o perfil de competências mais próximo ao demandado pela vaga? Se você se interessou pelo assunto e gostaria de se aprofundar nele, sugerimos a leitura dos livros: *Seleção com Foco em Competência*, de Maria Odete Rabaglio, e *Seleção e Entrevista por Competências com o Inventário Comportamental*, de Rogerio Leme.

Após selecionadas com base nas competências específicas de cada organização e cargo, as pessoas são posicionadas em seus cargos e começam suas atividades. Outros processos de gestão de pessoas que podem ser impactados pela adoção do modelo de competências é a avaliação de desempenho e de potencial, que serão detalhadas na sequência.

⦿ Avaliação de desempenho e de potencial

A avaliação de desempenho é um meio pelo qual é possível localizar problemas de supervisão, de integração do empregado à organização ou ao cargo, de subaproveitamento de pessoas com potencial mais elevado, de motivação, entre outros, ou seja, é um instrumento bastante valioso para a gestão das pessoas. Na sequência apresentaremos a avaliação de desempenho e a de potencial, com foco em competências.

◤ Avaliação de desempenho

Lucena (2004) vê a avaliação de desempenho como a verificação da atuação dos empregados na produção de resultados, ou seja, é a técnica que auxilia na obtenção de uma visão mais objetiva do desempenho do empregado. É a confrontação de algo que acontece (um resultado, um comportamento) com algo que foi estabelecido antes (objetivo, competência, indicadores). Por que a avaliação de desempenho é importante? Eis a seguir alguns dos motivos:

- Assegurar que o desempenho (do indivíduo e da equipe) está a contento.
- Identificar se os objetivos estão sendo alcançados.
- Promover o desenvolvimento e a capacitação.
- Reconhecer a contribuição dos empregados.

Bergamini e Beraldo (2007) aponta que a avaliação de desempenho tem como primeiro objetivo conhecer a pessoa e seu desempenho no ambiente organizacional. Fornece também subsídios para outras atividades de GP, como treinamento e desenvolvimento, recrutamento e seleção, remuneração, movimentação de pessoal, avaliação de potencial e carreira e sucessão.

Normalmente, são três os objetivos fundamentais da AD:

- Medição do desempenho humano.
- Administração das pessoas.
- Oferecimento de oportunidades de desenvolvimento e de condições de efetiva participação no alcance dos objetivos organizacionais e individuais.

Antes da implantação de qualquer processo de gestão de desempenho, os objetivos desse processo devem ser claramente definidos, pois, certamente, serão geradas expectativas. Após essa definição inicial, o próximo passo deverá ser verificar as responsabilidades no processo de avaliação.

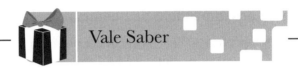

Vale Saber

Em relação a quem irá avaliar, as alternativas mais utilizadas são:

- Gestor imediato: o processo é unilateral, ou seja, apenas o gestor avalia o empregado. É ainda bastante utilizado.

- Próprio indivíduo (autoavaliação): apenas o empregado se avalia. Não é uma forma muito comum.

- Empregado e seu Gestor Imediato: é a combinação dos dois anteriores. O empregado se avalia e é avaliado por seu gestor, o que permite troca de opiniões e alinhamento de critérios. Tem sido cada vez mais utilizado nas empresas.

- Avaliação 180 graus: o empregado avalia a chefia e é por ela avaliado. Não é uma prática comum nas organizações, pois a situação de avaliar um superior hierárquico é delicada e precisa ser condizente com a cultura organizacional, caso contrário pode gerar desconforto, avaliações superficiais e de pouco valor para todos.

- Avaliação 360 graus: todos que cercam o empregado participam da avaliação – pares, subordinados, superiores imediatos e muitas vezes até os próprios clientes, na dependência da função. Devido à grande quantidade de pessoas envolvidas no processo, sugere-se que seja utilizado um sistema (software) para operacionalizar esse tipo de avaliação.

- Comissão de Avaliação: a avaliação do desempenho é atribuída a uma comissão especialmente designada para esse fim. É formada por membros permanentes e transitórios. Os primeiros participam de todas as avaliações, e seu papel é manter o equilíbrio dos julgamentos, o atendimento aos padrões e a constância na forma de avaliar, visando evitar subjetividade. Já os membros transitórios participam apenas dos julgamentos dos empregados direta ou indiretamente ligados à sua área de atuação e têm como função trazer as informações a respeito dos avaliados e proceder ao julgamento e à avaliação. Normalmente, um especialista em avaliação da área de GP é um dos membros permanentes.

É importante que a avaliação de desempenho seja feita com base nas competências necessárias para o atingimento dos objetivos organizacionais. Além do desempenho atual, o foco passa a ser também o desempenho futuro, o potencial que a pessoa terá que desenvolver.

Para identificar a lacuna de competências ou as competências disponíveis na organização, alguns autores defendem a utilização de avaliações de desempenho, pois, uma vez que o desempenho é a aplicação das competências no trabalho, a deficiência no desempenho representa uma lacuna de competências. Em outras palavras, pode-se dizer que a competência é expressa em função do desempenho da pessoa no trabalho. Outros sugerem a utilização de instrumentos de avaliação por meio dos quais empregados e superiores hierárquicos manifestem sua percepção sobre o grau de domínio que os primeiros possuem em relação a determinadas competências, indicando, assim, suas prioridades de desenvolvimento profissional.

As avaliações são realizadas com o objetivo de minimizar lacunas de competências, orientando e estimulando os profissionais a eliminar as discrepâncias entre o que eles são capazes de fazer (competências atuais) e o que a organização espera que eles façam (competências desejadas). A figura que se segue ilustra o processo de avaliação de competências:

NA: Não atende   AP: Atende parcialmente
A: Atende   S: Supera

Quando utilizadas em instrumentos de avaliação de desempenho, as competências costumam ser descritas como comportamentos passíveis de observação ou evidências chave (DUTRA, 2004). Um exemplo de evidências-chave para a competência Orientação para Resultado segue ilustrado.

Exemplos de evidências-chave

Orientação para resultado — Evidências-chave

- **Realiza** atividades da área/processo em que atua dentro do prazo e custo acordados.
- **Consolida** e analisa dados e informações a fim de subsidiar decisões.
- **Participa** do estabelecimento dos indicadores de resultados da área/processo de que faz parte, realizando análises técnicas que subsidiem decisões.
- **Orienta** os profissionais dos processos/projetos que coordena a utilizarem de forma adequada e econômica os recursos e atenderem os prazos acordados, observando os possíveis impactos nos resultados de sua área e de áreas relacionadas.

Quando as competências ou entregas orientadas para resultado são avaliadas, o foco é a evolução da complexidade com que esse comportamento é exigido. A figura que se segue apresenta um exemplo de uma competência avaliada de acordo com seu nível de complexidade:

Nível de complexidade da competência planejamento

Nível	Escala
4	Planeja os resultados que devem ser alcançados no longo prazo para o negócio que administra. Sua atuação impacta o atingimento dos resultados esperados para a empresa como um todo.
3	Participa da definição e do estabelecimento de padrões para a apuração e análise de resultados da área.
2	Estabelece metas e objetivos táticos para a área que administra com base no planejamento estratégico do negócio.
1	Administra e controla recursos prestando contas sobre como foi utilizado, sobre o cumprimento de prazos e a realização de projetos sob sua responsabilidade.

Ao analisarmos a competência Planejamento ilustrada na tabela anterior e os níveis de complexidade descritos, é possível perceber que a complexidade é crescente, ou seja, um gestor em início de carreira, por exemplo, deve gerenciar adequadamente os recursos dos projetos que coordena, enquanto um diretor deve planejar os resultados para a empresa em uma perspectiva de longo prazo.

Outras entregas consideradas importantes para a empresa também podem ser descritas e avaliadas nos diversos níveis de complexidade, como gestão de projetos, atuação em equipes, entre outras.

É importante ressaltar que as evidências-chave e a própria redação das competências e de suas descrições podem variar de organização para organização, visto que cada uma delas possui uma cultura específica, bem como uma forma de estruturação diferenciada. O mesmo ocorre com a escala que é utilizada para a avaliação de competências. Eis alguns exemplos a título de ilustração.

Exemplo de escalas

Em relação a competência, o avaliado:	
1. não demonstrou 2. demonstrou pouco 3. demonstrou medianamente 4. demonstrou muito 5. demonstrou plenamente	1. nunca demonstra 2. raramente demonstra 3. às vezes demonstra 4. frequentemente demonstra 5. sempre demonstra
1. não domina 2. domina pouco 3. domina adequadamente 4. domina plenamente	1. não atendeu ao desempenho esperado 2. atendeu parcialmente, mas precisa aprimorar 3. atendeu plenamente 4. superou expectativas

Um exemplo de formulário de avaliação por competências segue no Apêndice B.

Enquanto o desempenho aponta para o presente, o potencial foca o futuro, o vir a ser. Vamos entender melhor essa diferenciação no próximo tópico.

> **Para Pensar**
>
> Será que uma pessoa com excelente desempenho pode, apenas por esse motivo, ser promovida para outro cargo? Qual a sua opinião sobre o assunto? Você já percebeu casos em que tal ação foi bem-sucedida? E casos de insucesso, principalmente para cargos de gestão, você conhece algum exemplo?

◣ Avaliação de potencial

O potencial diferencia-se do desempenho na medida em que o último foca o comportamento real da pessoa diante de uma expectativa ou um padrão de comportamento estabelecido. É o conjunto de entregas e resultados de determinada pessoa para a empresa ou o negócio. Enfoca o passado ou o presente, enquanto o potencial trata do futuro, do vir a ser.

O quadro apresenta as principais diferenças entre desempenho e potencial:

Diferenças entre desempenho e potencial

Desempenho	Potencial
É identificar como o empregado tem agido em seu cargo, se tem realizado as atividades a contento e com um comportamento adequado, atingindo os objetivos estabelecidos.	É diagnosticar a capacidade de desenvolvimento e crescimento das pessoas por meio da avaliação de suas habilidades, valores, características, realizações e interesses nas dimensões pessoal, interpessoal, técnica e gerencial.
Desempenho é ser.	Potencial é o vir a ser.
Seis meses a um ano (curto prazo), com base no passado (o que fez).	Cinco anos (longo prazo), com base no futuro (o que pode fazer).
Com base no resultado do trabalho realizado.	Com base na projeção da capacidade de obter resultados nas funções que pode vir a executar.

Um empregado com alto desempenho possivelmente terá um alto potencial, mas isso nem sempre é verdade. O desempenho, apesar de servir como um prognóstico do potencial, não o define necessariamente.

Muitas organizações não possuem um mecanismo formal de avaliação de potencial porque acreditam que, ao mensurar desempenho, mensura-se também potencial. Contudo, não é porque uma pessoa desempenha muito bem sua atividade atual que desempenhará a contento novas posições e atividades.

É comum a crença de que o potencial é algo inato, ou seja, determinada pessoa "tem potencial", ou seja, é boa independentemente da atividade que venha a realizar ou do contexto em que esteja inserida. Muitas vezes, contudo, isso não corresponde à realidade, e existem avaliações de potencial cujo objetivo é identificar, no presente, pessoas com talento e potencialidade para assumir os destinos da empresa no futuro.

É bastante usual a utilização de uma matriz que correlaciona desempenho e potencial para mapear e desenvolver talentos, considerando tanto seu desempenho como seu potencial. A matriz encontra-se ilustrada na figura a seguir.

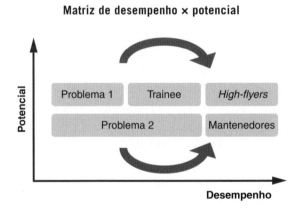

Matriz de desempenho × potencial

Como podemos perceber, desempenho e potencial ocupam dois eixos distintos e complementares, permitindo a avaliação de acordo tanto com seu desempenho quanto com o potencial de crescimento. A matriz representa uma importante ferramenta de gestão de pessoas, pois classifica os empregados em grupos, possibilitando a compreensão da relação desempenho e potencial e a tomada de ações específicas para cada um dos grupos identificados. Vamos entender um pouco mais sobre as informações e os grupos que a matriz nos fornece:

- **Problema 1:** são profissionais com alto potencial e baixo desempenho. Não conseguem trazer resultados e realizações para a empresa.
- **Problema 2:** são profissionais com baixo potencial e baixo desempenho. São pessoas que apresentam potencial limitado, mas que podem se tornar, em princípio, bons mantenedores.
- **Talentos (*high-flyers*):** são pessoas com alto desempenho e alto potencial. Costumam apresentar como características: autoconfiança, flexibilidade, ambição, ser motivados por desafios, reconhecimento e oportunidades.
- **Mantenedores:** são empregados com alto desempenho e baixo potencial. São profissionais competentes, fiéis, comprometidos, estáveis, confiáveis e responsáveis. São muito bons nos cargos atuais, mas terão dificuldade de manter sua competência em cargos mais altos.
- **Trainees/Recém-promovidos:** são os profissionais com baixo desempenho e alto potencial. Possuem excelentes condições potenciais para migrar para o quadrante dos talentos (*high-flyers*).

A correlação desempenho-potencial aponta para diversas ações relativas à gestão dos empregados posicionados em cada um dos quadrantes. Para poder utilizar corretamente essa ferramenta, contudo, é importante possuir uma metodologia para a avaliação do potencial de cada um.

Assim como a avaliação de desempenho, a de potencial também depende dos objetivos e das características da empresa, ou seja, a metodologia para avaliação de potencial deve se adequar à empresa e ao que ela pretende.

Muitas vezes, a opção pode ser realizar a análise de potencial apenas para um grupo de cargos, como os gerenciais ou aqueles especializados, considerados estratégicos para a empresa, ou aqueles que apresentam as maiores perspectivas de crescimento.

Imagine que uma empresa possui uma vaga de Gerente Territorial de Vendas e existem dois candidatos internos, ambos Gerentes de Vendas, com excelente desempenho. Como escolher aquele mais adequado à nova posição? Qual dos candidatos apresenta potencial mais adequado para ocupar a vaga? A figura que se segue ilustra como a avaliação pode ser feita considerando o desempenho atual e o potencial para desempenho futuro, levando em conta as competências necessárias ao adequado desempenho nos cargos. Pela análise da figura é possível verificar que ambos os candidatos possuem desempenho superior ao estabelecido para o cargo atual em muitas das competências, porém Paula é aquela cujas competências estão mais de acordo com aquelas demandadas pelo cargo superior.

Avaliação de potencial de dois empregados

Competência	PD * esperado no cargo atual	Desempenho no cargo atual — Cassio	Desempenho no cargo atual — Paula	PD * do cargo superior
Gestão de projetos	3	4	5	5
Gestão de pessoas	3	4	5	5
Planejamento de vendas	4	4	4	4
Gestão de conflitos	2	2	3	4
Elaboração de políticas comerciais	0	0	0	5

* PD = Padrão de Desempenho

Normalmente, a análise dos empregados com alto potencial (*high potential*) para ocupar uma vaga em aberto na empresa é feita por meio de um Comitê de Avaliação de Potencial. Sua função é, assessorado pelo especialista em GP, apreciar o perfil e o desempenho (*performance*) de empregados identificados como potencialmente capazes para assumir posições mais elevadas na hierarquia da organização. O Comitê é importante para uma apreciação mais isenta na recomendação de candidatos, eliminando possíveis interpretações inadequadas sobre as políticas de Gestão de Pessoas da empresa.

Muitas vezes, considerando a avaliação de desempenho e de potencial, são identificados *gaps* entre as competências que os empregados possuem e aquelas que eles, de fato, devem possuir, o que identifica necessidades de desenvolvimento ou aprendizagem, o que será abordado na sequência.

Vale Saber

Gramigna (2007) apresenta um Modelo de Competências e Gestão de Talentos composto por cinco blocos: sensibilização, definição de perfis, avaliação de potencial e formação do banco de talentos, capacitação e gestão do desempenho. Sensibilização é o envolvimento e a adesão das pessoas-chave da administração e dos postos de trabalho ao modelo proposto de gestão de competências. A definição de perfis consiste em identificar as competências essenciais e básicas necessárias a cada grupo de funções, atribuindo pesos de acordo com as exigências de cada unidade de negócios. Avaliação de potencial e formação de banco de talentos se dão por meio do conhecimento da força de trabalho disponível, identificando-se pontos de excelência e insuficiência de cada colaborador, com vistas à detecção de talentos humanos e à verificação de possíveis falhas de competências. A capacitação, segundo a autora, está ancorada na crença do potencial ilimitado de desenvolvimento do ser humano, e é originária do processo anterior, de avaliação de potencial e formação de banco de talentos. A Gestão do Desempenho, nesse modelo, fecha o ciclo do programa de competências, com a avaliação dos resultados das *performances* individuais e obtenção de nova base de informações.

⦿ Aprendizagem

Tanto as competências individuais como as organizacionais precisam ser desenvolvidas, o que nos remete a um processo de aprendizagem organizacional. É cada vez mais frequente que as ações de aprendizagem sejam integradas em um processo de educação corporativa mais amplo a fim de subsidiar a consecução da estratégia da organização.

A educação corporativa objetiva orientar e direcionar as ações educacionais para responder às demandas de curto, médio e longo prazos da organização. Os modelos de desenvolvimento das empresas normalmente focam apenas o desempenho passado, porém é muito importante também considerar o futuro e a real contribuição de cada pessoa aos resultados.

Cada vez mais, podemos observar os departamentos de treinamento, que possuíam ações muitas vezes isoladas e não orientadas à estratégia da empresa, sendo substituídos pelas universidades corporativas, com o objetivo de estabelecer um processo de educação continuada em resposta às necessidades estratégicas da empresa.

A figura a seguir ilustra o processo de identificação de necessidades de capacitação a partir do processo de avaliação de desempenho por competências. Com base na avaliação das competências e na reunião de *feedback* entre gestor e avaliado, são elaborados planos de desenvolvimento – muitas vezes chamado de PDI (Plano de Desenvolvimento Individual) – para suprir ou diminuir qualquer eventual *gap* que seja identificado. Em algumas organizações esse processo é também chamado de Levantamento de Necessidades de Treinamento (LNT).

Identificação de necessidades de desenvolvimento

Avaliação de competências e *feedback*

Competências

Avaliação de competências

NA AP A S

Resultado da avaliação

Gaps de competências - futuro

NA: Não atende   AP: Atende parcialmente
A: Atende   S: Supera

Elaboração de planos de desenvolvimento

Métodos formais:
- Participação em congressos, palestras e seminários
- Leitura de livros, revistas e manuais
- Cursos presenciais, *on-line* e híbridos
- Simulações e jogos de empresas

Métodos não formais:
- Orientação "*on the job*"
- *Benchmarking*
- Estágios e visitas
- Grupos de trabalho (interno)
- *Coaching*

Autodesenvolvimento

Os métodos de desenvolver ou aperfeiçoar as competências podem ser diferentes. Hoje em dia, é possível observar cada vez mais empresas utilizando tanto métodos formais quanto cursos presenciais, a distância e híbridos como métodos não formais como treinamentos no posto de trabalho (*on the job*), ações de *coaching* ou realização de estágios e visitas técnicas.

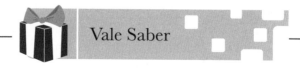

Vale Saber

Muitas organizações planejam sua capacitação com base na regra 70, 20 e 10. É esperado que 70 % do aprendizado ocorra na vida real, nas experiências do trabalho, nas tarefas e na solução de problemas. Já 20 % do aprendizado deve ocorrer por meio de *feedback*, ou seja, no ato de observar e seguir os modelos observados, e 10 % da aprendizagem ocorre via aprendizado formal (cursos, *workshops* e outros).

Para saber mais sobre a metodologia ou regra 70/20/10 indicamos a leitura dos livros:

- *70:20:10 - Explorando os novos territórios da aprendizagem*, de Charles Jennings e Jérôme Wargnier.
- *Informal learning: rediscovering the natural pathways that inspire innovation and performance* (Aprendizagem informal: redescobrindo caminhos naturais que incitam à inovação e desempenho), de Jay Cross.

O mapeamento de competência é o primeiro passo para a construção de um catálogo de ações de treinamento que registre o portfólio de ofertas de uma universidade corporativa, bem como os itinerários de formação para cada processo, cargo ou área de atuação. Esses catálogos podem ser utilizados tanto para formar profissionais, ou seja, como um currículo a ser realizado por qualquer profissional novo que ingresse na empresa em determinado cargo ou processo, como para ajudar profissionais a suprir eventuais *gaps* de desempenho considerando as entregas dele esperadas pela organização. Na sequência detalharemos nossa visão sobre as Trilhas de Desenvolvimento.

◣ Trilhas de desenvolvimento

É cada vez mais frequente ouvirmos falar sobre Trilha de Desenvolvimento, também conhecida como Matriz de Capacitação ou Mapa de Desenvolvimento – para citar apenas alguns dos nomes possíveis –, que é uma matriz que apresenta os treinamentos obrigatórios para os ocupantes de determinados cargos e funções. Muitas vezes as Trilhas representam treinamentos específicos da empresa e aqueles obrigatórios por lei, cuja capacitação é específica da empresa ou de um determinado negócio.

Anteriormente foi indicada a importância da formação de grupos focais ou a realização de entrevistas individuais ou em grupo para o mapeamento de competências. Nossa sugestão é que, em especial quando a empresa atua em um segmento de negócio muito específico e técnico, como por exemplo mineração, siderurgia, telecomunicações, transporte ferroviário ou marítimo, exploração de petróleo, entre outros, é interessante aproveitar os comitês técnicos formados para a identificação de competências para a identificação de ações de desenvolvimento, em especial se o conhecimento for muito técnico e bastante específico da empresa. Nos casos em que o mercado, a educação formal, não consegue prover à empresa empregados capacitados, a organização chama para si essa responsabilidade e desenvolve vários treinamentos internos, com instrutores pertencentes ao seu quadro funcional e com material específico desenvolvido, muitas vezes, pelos próprios empregados. Esse ponto será detalhado quando abordarmos o tema Gestão do Conhecimento e Gestão por Competências.

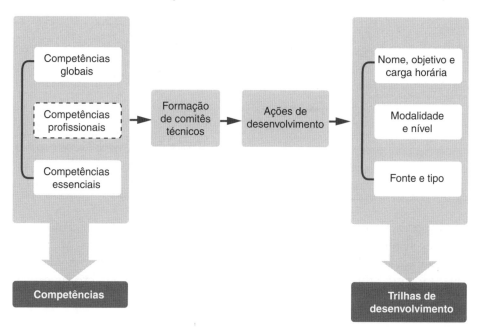

Formação de comitês técnicos para a construção de Trilhas de Desenvolvimento

Quando falamos sobre Trilhas de Desenvolvimento, nos referimos a uma estrutura similar à que se segue. Em vez de cargos, podemos ter a Trilha estruturada por processos ou ainda por assuntos, disciplinas, tal qual uma universidade. Outros autores poderão apresentar modelos diferentes do apresentado aqui.

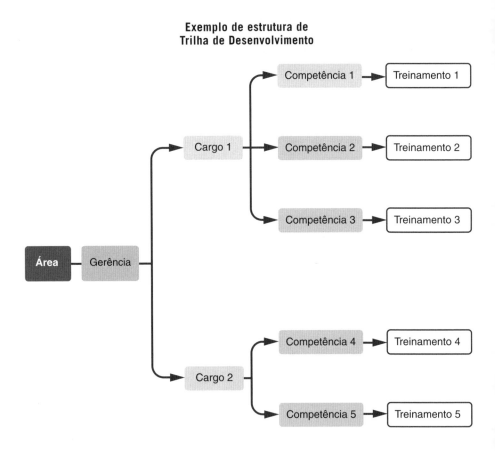

Exemplo de estrutura de Trilha de Desenvolvimento

É possível encontrar, nas organizações, outros nomes para as Trilhas de Desenvolvimento, como, por exemplo: Mapa de Desenvolvimento, Matriz de Capacitação, Trilhas de Capacitação, Currículo Formativo, Itinerário de Formação, entre outros. Um exemplo de Trilha por cargo, que apresenta uma visão mais geral da capacitação demandada por alguns cargos, segue aqui representado.

Exemplo de itinerário formativo por cargo

Cargo	Aço para a indústria automotiva	Amostra-padrão	Aplicação de aços planos laminados a frio	Auditoria comportamental - 4 horas	Black belt em Lean Seis Sigma	BSC - Balanced Score Card	Classificação de defeitos em laminados a frio - acabamento	Combustão industrial	Como tratar ações corretivas e preventivas	Conceitos de OTIF - One Time in Full	Estampagem dos aços ao carbono	Estatística - avançado	Gestão de custos em projetos	Gestão de custos industriais	Tratamento térmico dos aços	Total geral de carga horária
Analista de gestão						16							16	16		16
Analista de gestão pleno				4										16		52
Assistente técnico industrial		16					16							16		48
Engenheiro de produção				4												4
Engenheiro de produção pleno				4										16		20
Engenheiro de produção sênior				4								80		16		100
Especialista de produção							80					80		16		180
Técnico de produção I		16												16		32
Técnico de produção II		16					16							16		48
Técnico de produção III		16					16		4					16		52

115

A principal vantagem do itinerário por cargo é permitir à organização e ao empregado uma visualização do tempo e dos treinamentos que devem ser realizados antes do início em uma dada função. Além disso, ele é construído considerando as competências identificadas como relevantes para a organização.

Outra forma – ou muitas vezes de maneira complementar ao itinerário apresentado – pela qual a organização pode desenvolver um currículo de formação com informações mais detalhadas sobre os treinamentos é à semelhança dos currículos que existem em uma universidade. Observe o exemplo para o cargo de Mecânico de Manutenção.

Currículo para o cargo de mecânico de manutenção

Nome da ação	Nível da ação	Modalidade	Objetivo	Conteúdo	Carga horária	Tipo	Fonte
Geometria em máquina	Obrigatório	A distância	Capacitar o treinando a realizar parametrização dos equipamentos de acordo com as especificações técnicas.	Conceitos e realização de aferição; parâmetros; regulagens; instrumentos de nivelamento; medidas; validação das informações.	16	Externo	Consultoria XXX
Lean thinking	Longo prazo	Presencial	Apresentar ao treinando os princípios básicos Lean.	Origens da mentalidade enxuta; princípios Lean: valor, fluxo de valor e fluxo contínuo; experimentando o fluxo contínuo; princípios Lean: puxar e nivelar.	8	Interno	Área de qualidade
Bombas e rolamentos	Obrigatório	Presencial	Apresentar ao treinando os tipos e capacidades de bombas, motores e rolamentos.	Tipos; aplicabilidade; avaliação de defeitos.	6	Externo	XXX
Equipamentos	Obrigatório	Presencial	Apresentar os equipamentos, requisitos técnicos e informações de biodata.	Requisitos técnicos dos equipamentos; particularidades; fornecedores.	16	Interno	Profissional sênior da área

A figura apresentada na sequência ilustra um exemplo de itinerário simplificado para um profissional de Recursos Humanos que precisa desenvolver a competência técnica Gestão de Pessoas.

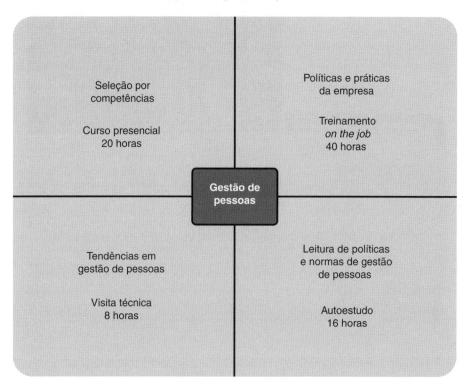

O desenho do itinerário, as modalidades de treinamentos possíveis e suas respectivas cargas horárias devem estar em consonância com as políticas e práticas de gestão de pessoas de cada organização.

Um catálogo construído com seriedade e comprometimento é a base para profissionais bem formados e capacitados para o exercício de suas atividades de forma competente e eficaz. Ele pode ser utilizado como base para uma série de atividades de gestão de pessoas, como por exemplo recrutamento e seleção, treinamento e desenvolvimento, cargos e salários, avaliação de desempenho e carreira e sucessão.

Exemplo de itinerário de formação

Cargo	Nível de ação	Visão geral dos requisitos de segurança	Avaliação econômico-financeira de projetos	Metalurgia e seleção de materiais	Processo *Lean*	Engenharia do valor e análise do valor	Içamento	Instrumentação - básico	Kaizen	Total geral
Projetista I	Requerido		4			4			8	16
	Legal	4								4
	Longo prazo									0
Projetista II	Requerido				8					8
	Legal	4								4
	Longo prazo					16				16
Projetista III	Obrigatório	4								4
	Legal	4								4
	Longo prazo		24							24

Essa figura apresenta um exemplo de itinerário de formação bastante visual e simples, em que é possível verificar, por cargo, a necessidade de capacitação considerando o critério de priorização definido pelo campo Nível da Ação. Os conceitos de cada campo seguem detalhados:

- Legal: treinamentos obrigatórios por lei, normalmente relacionados com a segurança do trabalho.
- Requerido: são os treinamentos mais básicos, os primeiros a serem feitos; normalmente são pré-requisitos para os treinamentos avançados. São indispensáveis para o adequado desempenho no cargo.
- Longo prazo: são treinamentos mais avançados, geralmente aqueles que são feitos mais em longo prazo. Permitem ao ocupante do cargo uma atuação diferenciada, contudo sua ausência não compromete o desempenho na função.

Vejamos um exemplo de um currículo detalhado para o cargo de Projetista, considerando a competência Elaboração de Desenho Técnico.

Currículo para o cargo Projetista – parte

Nome da ação	Modal.	Objetivo	Conteúdo	CH	Tipo	Fonte
Procedimentos de qualidade	Presencial	Apresentar ao treinando os procedimentos de qualidade aplicáveis à área.	Procedimentos; diretrizes; responsabilidades; acesso ao procedimento.	4	Interno	Profissional sênior da área
Análise de causa-raiz	Presencial	Capacitar o treinando a identificar e analisar causas de problemas na qualidade ou produção e implementar soluções de melhorias.	Conceito de causa-raiz; identificação de causa-raiz das não conformidades; prevenção a não conformidades.	8	Externo	X
Simbologia de soldagem	A distância	Capacitar o treinando a ler e interpretar simbologia de soldagem.	Terminologia da soldagem; tipos de chanfros; posição de soldagem; dimensões de solda; símbolos de ensaios não destrutivos; solda em tampão	4	Externo	CPD

No exemplo citado, a empresa optou por detalhar os treinamentos com os seguintes itens:

- **Modalidade:** presencial ou a distância.
- **Objetivo:** qual o objetivo geral com a realização do treinamento. Via de regra se inicia com "Apresentar informações sobre…" ou "Capacitar o treinando a…".
- **Carga horária:** é o tempo estimado de duração do treinamento. Via de regra é expresso em horas, e é muito comum as empresas estabelecerem uma carga horária mínima e máxima.
- **Tipo:** Interno ou externo. É interno quando ministrado por profissionais da organização, independentemente de ser realizado dentro ou fora da

empresa. É externo quando ministrado por profissionais de instituições e/ou consultorias contratadas, independentemente do local onde o treinamento seja realizado.

- **Fonte:** É a entidade ou pessoa/cargo que irá ministrar o treinamento.

O nível de detalhamento das informações que irão constar nos currículos, bem como seus principais conceitos e premissas, deve ser alvo de discussão e alinhamento prévio em cada organização, considerando, inclusive, as políticas e práticas de educação já adotadas, bem como seus objetivos principais.

Outra forma de visualização das informações sobre treinamentos mapeados em uma Trilha de Desenvolvimento ou Aprendizagem é apresentada a seguir.

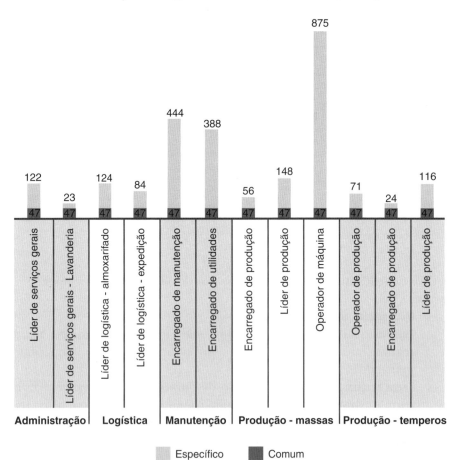

No exemplo anterior apresenta-se a carga horária de treinamento necessária a quatro cargos, das áreas de atuação Administração e Logística. Nesse caso, os treinamentos foram classificados em comum e específico.

Comuns seriam os treinamentos que são importantes para todos, independentemente do cargo que ocupam (verifique que a carga horária é igual, quaisquer que sejam a área ou cargo ocupados). Representam treinamentos mais gerais da organização, ligados à sua missão, visão, valores, políticas, e também aspectos relacionados com a saúde e segurança no trabalho. Os específicos são aqueles voltados ao desenvolvimento das competências profissionais, relacionadas com as descrições de cargo. A classificação dos treinamentos dessa forma também deve ser foco de discussão e alinhamento interno.

> **Para Pensar**
>
> Você já pensou na utilidade de a organização possuir trilhas de desenvolvimento específicas para um determinado cargo, função ou processo de trabalho? Na empresa em que você atua, existe algo similar? Qual a sua opinião sobre o assunto?

Várias empresas acompanham a realização dos treinamentos previstos por cargo, em especial quando se trata de treinamentos obrigatórios por cargo, por meio da elaboração de uma matriz de acompanhamento tal qual o exemplo da figura a seguir. Nela podemos visualizar o cruzamento entre treinamentos necessários aos cargos, inclusive aqueles obrigatórios por lei e que devem, dessa forma, ser priorizados, e o nível de realização de cada ocupante de cada cargo, com as informações por treinamento e total. Pode-se ainda acrescentar a informação do percentual de conclusão da Trilha por parte de cada ocupante de cargo.

Acompanhamento da realização da trilha por empregado

Treinamento obrigatório por lei. Exemplo: normas regulamentadoras (NR)

Cargo/ ocupantes	Visão geral dos requisitos de segurança	Avaliação econômico-financeira de projetos	Metalurgia e seleção de materiais	Processo Lean - 3P	Engenharia do valor e análise do valor	Içamento	Instrumentação - básico	Kaizen	Total geral
Projetista I	4	4			4			8	**20**
Paulo Otávio	4	0			4			0	8
Carlos Araújo	4	0			4			0	8
Projetista II	4			8	16				**28**
Roberto Campos	4			0	16				20
Melissa Cabral	0			0	16				**16**
Projetista III	4	24					4		**32**
Carlos Henrique	4								**4**
Priscila Mendonça	4						4		**8**

ESTUDO DE CASO

Felipe tem ouvido falar bastante de outro tipo de Trilha, a Trilha de Liderança, e pergunta se Patricia tem alguma experiência no assunto. Ela responde que sim, e acrescenta que, em algumas organizações, existem treinamentos específicos para aqueles que passam a ocupar cargos de gestão. Em muitos casos a capacitação possui bastante foco no aspecto comportamental, na atitude esperada de um gestor em uma determinada organização. Informa ainda que as trilhas de liderança costumam ter como base os valores da empresa e são construídas pelas áreas de GP sem a participação de especialistas. As trilhas podem ainda ser detalhadas por nível de alçada do papel de gestão a ser desempenhado pela pessoa: Supervisão, Gerência de Área, Gerência Geral, Diretoria ou Presidência. Existem casos em que as trilhas de liderança representam verdadeiros ritos de passagem, a fim de que o novo gestor perceba e interiorize o novo papel que dele é esperado.

Quando falamos sobre aprendizagem, é importante entendermos melhor o que é educação corporativa, que será detalhada na sequência.

◤ Educação corporativa

Pode-se dizer que, em termos gerais, a Educação Corporativa representa projetos de formação cujo objetivo é institucionalizar uma cultura de aprendizagem contínua, proporcionando a aquisição de novas competências vinculadas às estratégias da empresa.

Segundo Meister (1999, p. 35), a Educação Corporativa é um "guarda-chuva estratégico para desenvolver e educar funcionários, clientes, fornecedores e comunidade, a fim de cumprir as estratégias da organização".

A criação de Universidades Corporativas se justifica pela falta de capacidade do Estado em fornecer para o mercado pessoal adequado e qualificado. Assim, as organizações chamam para si essa responsabilidade e ocorre um deslocamento do papel do Estado para o empresariado na direção da realização de projetos educacionais voltados para os mais diversos públicos.

Esse modelo educativo oferecido pelas empresas abrange várias modalidades de ensino, tais como: cursos técnicos (inglês, informática etc.), educação básica (ensino fundamental e médio), pós-graduação *lato sensu*, entre outros.

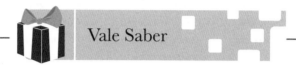

> O assunto Educação Corporativa é bastante amplo e interessante. Se você quiser mais informações sobre o assunto, sugerimos leitura da coletânea de artigos organizada por Andrea Ramal, indicada a seguir:
>
> RAMAL, A. **Educação Corporativa – Fundamentos e Gestão**. Rio de Janeiro: LTC, 2012.

Se considerarmos a educação corporativa como um processo de educação, podemos dizer que a Universidade Corporativa é a estrutura que vai materializar isso. Por estrutura não queremos dizer, necessariamente, uma estrutura física, pois elas também podem ser virtuais.

É importante que as Universidades Corporativas tenham uma vinculação com a Gestão por Competências, visando desenvolver as competências necessárias para o atingimento da estratégia empresarial, tal qual ilustrado pela figura a seguir.

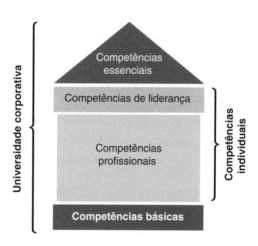

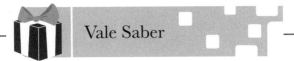

Vale Saber

Que tal conhecer um pouco mais sobre uma universidade corporativa de verdade? A Universidade Corporativa do Banco do Brasil disponibiliza publicamente algumas informações que podem ser acessadas no link:
http://www.bb.com.br/portalbb/page3,139,9182,23,0,1,8.bb?codigoNoticia=10699&codigoRet=5993&bread=1&codigoMenu=5987

É interessante ainda conhecer um pouco mais sobre o trabalho desenvolvido pela UCT – Universidade Corporativa dos Transportes, que é uma universidade corporativa setorial. Para isso, consulte:
http://www.uct-fetranspor.com.br/
Acesso em: out. 2014.

Embora muitas Universidades Corporativas sejam diferentes em vários aspectos, existe uma tendência a que se organizem em torno de princípios e objetivos semelhantes, em busca de seu objetivo fundamental que é tornar-se uma instituição em que o aprendizado seja permanente (MEISTER, 1999).

É cada vez mais comum que as Universidades Corporativas pautem sua forma de agir e sua filosofia de atuação nos princípios da andragogia, que busca compreender o adulto e promover o aprendizado por meio da experiência, fazendo com que a vivência estimule e transforme o conteúdo, impulsionando a assimilação. É o aprender através do fazer, o "aprender fazendo".

Vale Saber

Andragogia (do grego *andros* – adulto, e *gogos* - educar) significa "ensino para adultos". Considera a experiência como principal fonte de aprendizagem e estuda as melhores práticas para orientar adultos no seu processo de aprendizagem. A motivação para aprender ocorre quando os adultos podem aplicar os conhecimentos nas suas atividades cotidianas conforme vivenciam suas necessidades e seus interesses.

Nessa linha de pensamento, é relevante apresentarmos os quatro pilares das aprendizagens de nosso tempo defendidos pelo Relatório Delors, da Unesco, segundo o qual todo processo educacional deve ser construído em torno de quatro aprendizagens fundamentais: aprender a conhecer, aprender a fazer, aprender a ser e aprender a viver juntos (DELORS, 1996). Vamos entender um pouco melhor cada um deles:

- **Aprender a conhecer:** trata-se de um tipo de aprendizagem que busca, para além dos conteúdos técnicos e científicos, o domínio dos processos de construção do conhecimento. Combinar uma cultura geral com a possibilidade de trabalhar em profundidade um pequeno número de matérias, ou seja, aprender a aprender, para beneficiar-se das oportunidades oferecidas pela educação ao longo de toda a vida.
- **Aprender a fazer:** desenvolver a capacidade de enfrentar situações novas que podem demandar o trabalho coletivo em pequenas ou grandes equipes; assumir iniciativa e responsabilidade em face das situações profissionais.
- **Aprender a viver juntos:** perceber a crescente interdependência dos seres humanos; buscar conhecer o outro, sua história, tradição e cultura, e aceitar a diversidade humana. Fomentar a análise compartilhada de riscos e a ação conjunta diante dos desafios do futuro por meio da realização de projetos comuns e da gestão inteligente e pacífica dos conflitos.
- **Aprender a ser:** desenvolver a autonomia e a capacidade de julgar e fortalecer a responsabilidade pelo autodesenvolvimento pessoal, profissional e social.

Considerando o foco deste livro, vamos detalhar alguns pontos interessantes do relatório Delors (1996) sobre o pilar Aprender a fazer.

O primeiro ponto é sobre a mudança da noção de qualificação para a noção de competência. No passado, a ideia de qualificação atrelava-se ao conjunto de conhecimentos e habilidades que uma pessoa possuía, fruto de suas experiências de vida e de seu processo educacional (forma e informal). No futuro, apenas um vasto acervo de conhecimentos e habilidades não será suficiente, visto que a entrega que o indivíduo é capaz de fazer é que representará um diferencial: vale mais ser capaz de executar algo do que possuir os requisitos necessários para tal execução.

Outro ponto é a "desmaterialização" do trabalho e o crescimento do setor de serviços. É notória a evolução tanto quantitativa como qualitativa do setor de serviços. Os serviços usualmente têm como base uma relação interpessoal. Assim, além de conhecimentos e habilidades técnicas é necessária uma aptidão para as relações interpessoais. É necessário o desenvolvimento de comportamentos, qualidades humanas que as formações tradicionais não costumam transmitir e que correspondem à capacidade de estabelecer relações estáveis e eficazes entre as pessoas.

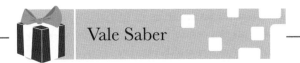

O relatório Delors apresenta várias outras informações relativas à Educação para o Século XXI que vale a pena ler e conhecer. Interessou-se pelo assunto? Para ler mais sobre o assunto, acesse, na íntegra, o relatório em: <http://www.dhnet.org.br/dados/relatorios/a_pdf/r_unesco_educ_tesouro_descobrir.pdf>. Acesso em: 20 jul. 2014.

É importante entendermos como uma organização faz para identificar suas necessidades de capacitação, considerando o conceito de competência, tópico que será detalhado em seguida.

◤ Diagnóstico de necessidades de capacitação

A forma como as necessidades de capacitação serão identificadas também varia de empresa para empresa. Pode englobar três níveis de análise complementares:

- **Da organização:** envolve o estudo da organização como um todo – trata-se da identificação dos níveis de eficiência e eficácia da empresa, a fim de traçar métodos para o aperfeiçoamento e a consequente melhora de desempenho dos profissionais. Esses levantamentos ajudam a determinar o que deve ser ensinado, visando adequá-los à estratégia organizacional;
- **Das operações e tarefas:** focaliza os requisitos mínimos que se deve ter para o bom desempenho no cargo, definindo conhecimentos, habilidades, atitudes e comportamentos necessários para ele. Tem como propósito levantar dados para o treinamento, identificando as atividades que compõem as tarefas e cargos;
- **Do indivíduo e das equipes:** visa identificar se as pessoas que atuam na empresa são adequadas para possibilitar o atingimento dos objetivos

estratégicos do negócio. Após a análise da organização e dos cargos, examina-se o potencial de crescimento de cada funcionário e de cada equipe, procurando identificar os eventuais problemas que podem ser resolvidos ou minimizados com um programa de treinamento.

Os principais meios de levantar as informações necessárias para se obter um diagnóstico sobre as necessidades e capacitação são: questionários, entrevistas com os gerentes, observação direta da execução das tarefas dos colaboradores, solicitações da gerência e resultados de programas de avaliação de desempenho, potencial e planos de sucessão.

Como nosso foco aqui são as competências, uma primeira análise importante é a em nível da organização, considerando as competências essenciais e a capacitação necessária para a organização chegar aonde se propôs.

Outra forma de identificação de necessidades *a priori* é via construção de trilhas de desenvolvimento – tópico visto anteriormente – focadas nas competências necessárias aos ocupantes do cargo, considerando conhecimentos e habilidades específicas da empresa e de sua atuação.

Um instrumento que pode ser utilizado para verificar se o empregado possui competências identificadas como importantes para o exercício do cargo ou da função (ou de seu papel ocupacional) é o proposto por Borges-Andrade e Lima (1983). A vantagem do instrumento é permitir a definição de prioridades de capacitação por meio de uma ponderação entre a falta de uma dada competência e sua importância para a empresa. Em outras palavras, em um mesmo documento, que é preenchido por pessoa, é feita uma análise tanto da importância da competência como do grau com que o empregado manifesta essa competência no desempenho de seu trabalho. Vejamos um trecho de um formulário para diagnóstico de necessidade de capacitação que faz uma avaliação tanto do nível de importância de cada competência como do nível de domínio do empregado em relação a ela, tal qual ilustrado pela figura a seguir.

Formulário para diagnóstico de necessidade de capacitação

Competências	Grau de importância/domínio
Aplicação do Programa de Auditoria: aplicar o programa de auditoria, por meio da análise de documentação e realização de entrevistas, para evidenciar o resultado e as conclusões sobre a adequação dos níveis de controle, práticas de governança, riscos do processo e oportunidades de melhoria.	Importância: (1) (2) (3) (4)
	Domínio: (1) (2) (3) (4)

Vale Saber

Não se deve confundir cargo com função. Cargo é a posição que uma pessoa ocupa dentro de uma estrutura organizacional e determinado estrategicamente, e função é o conjunto de tarefas e responsabilidades que correspondem a esse cargo. Um exemplo bem simples: empregado doméstico é o cargo e motorista particular é a função. Analista de Recursos Humanos é um cargo, e sua função pode ser recrutamento e seleção. Muitas vezes, as gerências ou processos em que os cargos estão localizados dão uma ideia mais aproximada das funções associadas.

Pareceu complicado? Vamos dar um exemplo.

Cálculo de necessidade de capacitação

Competências	Grau de importância (I)	Grau de domínio (D)	Necessidade de capacitação (N) $N = I \times (5 - D)$
1. Organiza adequadamente suas atividades diárias, para realizá-las no prazo previsto.	5	5	0
2. Atende o cliente com presteza e cordialidade, procurando satisfazer suas expectativas.	4	5	0
3. Xxxxxx xxxxxxxxxxx	3	1	12
4. Zzz zzzzz	2	2	0

Necessidade de capacitação

Nome	Grau de importância (I)	Grau de domínio (D)	Necessidade de capacitação (N) N = I × (5 - D)
Antonio	3	2	9
Carlos	4	4	4
Francesca	5	1	20
Paulo	1	2	0

▷ EXERCÍCIO DE APLICAÇÃO

Imagine que você é um gestor da área de Planejamento da empresa Kplof que, após análise de competência, possui em seu quadro o seguinte resultado.

Nome	Grau de importância (I)	Grau de domínio (D)	Necessidade de capacitação (N)
Ana	4	2	
Bruno	4	4	
Cassio	5	1	
Renata	1	2	

Como sugeriria ao gestor que a priorização de capacitação seja realizada? Lembre-se de calcular primeiro a necessidade de capacitação de cada um dos integrantes da equipe.

Quando falamos sobre desenvolvimento é importante considerar as possibilidades de crescimento do empregado na empresa, o que é materializado pela existência de um plano de carreira e de preparação para sucessão, assuntos que veremos agora.

◉ Carreira e sucessão

Segundo Chanlat (1995), carreira significa um ofício, uma profissão. Lacombe (2005) entende carreira como uma série de posições exercidas por uma pessoa ao longo de sua vida profissional.

No passado, muitas organizações assumiam a responsabilidade pelo planejamento da carreira de seu pessoal. A velocidade das mudanças, as fusões, incorporações, alianças, aberturas e fechamento de negócios, *downsizings*, entre outros, tornaram difícil para a maioria das empresas manter essa responsabilidade. A entrada no mercado de trabalho da chamada geração Y também trouxe grandes

Vale Saber

Devido ao aumento da longevidade, pela primeira vez temos quatro gerações distintas (Geração Tradicional, *Baby Boomers*, Geração X e Geração Y) convivendo ao mesmo tempo, interferindo e transformando a realidade. O conceito de geração pode ser compreendido considerando um período de cerca de vinte anos como marco de separação entre as gerações. É a partir da idade de 20 anos que os jovens costumam começar a atuar de forma significativa na sociedade em que vivem, fazendo as primeiras escolhas profissionais, adotando posições políticas e ingressando no mercado de trabalho.

A Geração Y compreende os nascidos entre os anos 1980 e 2000.

Também conhecida como a Geração da Tecnologia ou a Geração da Internet, foi criada em um cenário de estabilidade política e econômica. Essa geração valoriza a autorrealização e o sucesso profissional, focando na carreira desejada em detrimento da carreira atual. Valorizam a integração entre a vida profissional e pessoal e os relacionamentos no trabalho. Dão pouca ou nenhuma importância à fidelidade organizacional, o que causa um alto nível de rotatividade nas empresas (FERREIRA, 2014).

impactos ao conceito de carreira e à estabilidade necessária para a ascensão em uma determinada carreira. Hoje é mais usual a empresa colaborar com seus empregados ajudando-os no planejamento de seu futuro, definindo as responsabilidades de acordo com interesses e habilidades e posicionando-os de modo a atender seus interesses, porém o principal responsável pela carreira de cada pessoa é ela própria.

Segundo vários autores, cabe à organização a responsabilidade pela definição de um plano de carreiras, que, por meio de trajetórias diversas, possibilite o crescimento e a ascensão do empregado. Ao apontar oportunidades de crescimento em uma carreira, a empresa fomenta o interesse e a motivação de seus colaboradores, previne saídas espontâneas e reforça, interna e externamente, a imagem de comprometimento e respeito à equipe de colaboradores.

O desenvolvimento profissional dos empregados deve ser a preocupação principal de um plano de carreiras. O crescimento na carreira é resultado tanto da disposição do profissional para se qualificar como das oportunidades que lhe são oferecidas. De acordo com as possibilidades existentes, o empregado pode delinear sua carreira com base nas trajetórias, requisitos e critérios estabelecidos pelo empregador.

Atualmente, o planejamento de carreira considera cada vez mais uma negociação entre as expectativas individuais e as necessidades organizacionais. Em vez de foco tradicional no emprego, o foco agora é na empregabilidade. A ideia é criar um novo contrato no qual o empregador e o empregado dividem a responsabilidade por manter e reforçar a empregabilidade individual dentro e fora da empresa. As empresas dão aos trabalhadores oportunidades de desenvolver uma empregabilidade maior em troca de melhor produtividade e comprometimento com o propósito da organização e da comunidade, enquanto o indivíduo lá estiver.

Pensar em aliar o conceito de competência ao de carreira é bastante interessante, uma vez que significa dar foco à entrega dos ocupantes dos cargos. Dutra (2008), após estudos nas décadas de 1980 e 1990, passou a aliar o conceito de carreira a competência, complexidade e espaço ocupacional.

Por espaço ocupacional entende-se o conjunto de atribuições e responsabilidades do profissional que, em geral, é estabelecido a partir das competências individuais e das necessidades da organização.

Segundo o autor, as carreiras tendem a se concentrar em determinadas áreas de atuação e conhecimento e costumam apresentar três momentos distintos:
- **Início:** quando a pessoa ingressa em uma carreira. Nesse momento normalmente é possível estabelecer quais são as condições de acesso à carreira;
- **Crescimento:** normalmente as organizações conseguem acompanhar o início do processo de crescimento de seus empregados na carreira, contudo, após o início, muitas perdem esse controle. Algumas conseguem desenhar o percurso de crescimento em determinada carreira, principalmente em carreiras operacionais e técnicas. Isso já não acontece com tanta frequência nas carreiras administrativas e gerenciais.
- **Final:** poucas são as organizações e pessoas que têm clareza sobre o final da carreira em uma data na estrutura organizacional.

É comum encontrar em várias organizações pessoas que estão há muitos anos no teto de sua carreira, sem perspectiva de desenvolvimento, bloqueando o acesso de empregados que estão ainda no processo de crescimento (são os chamados "bloqueadores de vaga"). É importante que a organização seja transparente e ajude o empregado a se preparar para outra carreira, que pode ser dentro ou fora da empresa. É comum que as organizações implantem programas de desligamento voluntário, os famosos "PDV", em que os profissionais desligados recebem aconselhamento de carreira e capacitações específicas para o período após seu desligamento.

Segundo Dutra (2008), em conformidade com as entregas requeridas pela organização e pelo mercado, as carreiras podem ser categorizadas de três maneiras:
- **Operacionais:** são carreiras ligadas à atividade-fim da empresa, não requerendo um alto nível de educação formal. Cita como exemplo os *call centers*.
- **Profissionais:** são carreiras ligadas a atividades específicas que demandam uma qualificação de nível médio técnico ou superior. São definidas pelos processos fundamentais que ocorrem na empresa, tais como Administração, Tecnologia e Vendas.
- **Gerenciais:** são carreiras ligadas às atividades de gestão. Normalmente as pessoas são oriundas das carreiras operacionais ou profissionais e demonstraram interesse e potencial para atividades de gestão.

Cada carreira deve ser caracterizada como um eixo e atrelada aos processos fundamentais da empresa. A empresa deve definir seus eixos de carreira ou trajetórias e, após isso, estabelecer as competências comuns e as específicas por eixo.

As trajetórias de carreira:
- ✓ **Representam um caminho provável de desenvolvimento e carreira para os profissionais.**
- ✓ **Demandam competências similares.**
- ✓ **Não necessariamente refletem a estrutura organizacional vigente.**

Os níveis de complexidade correspondem aos 'degraus' de desenvolvimento nos quais podem estar os profissionais da organização. Traduzem a capacidade dos profissionais em lidar com trabalhos de complexidade crescente. Representam a entrega esperada para cada competência – o que cada um pode agregar ao negócio/área considerando seu papel na organização.

Algumas das variáveis que costumam ser utilizadas para diferenciação entre os níveis de complexidade das competências são:
- Atuação: estratégica, tática ou operacional.
- Abrangência: internacional, nacional, regional e local.
- Escopo: organização toda; unidade de negócio; departamento e atividade.
- Autonomia: alto nível de autonomia, médio nível de autonomia e baixo nível de autonomia.

Consideremos agora como exemplo a competência Orientação para o Cliente. Ainda em conformidade com a mesma linha de raciocínio, pode ter os seguintes níveis de complexidade:

Níveis de complexidade da competência orientação para o cliente – exemplo

Complexidade	Contribuições esperadas - Atribuições e responsabilidades
5	• Estabelece e mantém um relacionamento saudável com os clientes internos e externos, referentes às atividades e projetos que desenvolve, implementando e acompanhando soluções tecnológicas para esses clientes a fim de atender plenamente suas demandas e superar suas expectativas, considerando a agregação de valor que deve ser obtida para todas as partes envolvidas. • Negocia e acorda junto aos clientes critérios e indicadores de *performance* que possibilitem a avaliação do nível de serviço de atendimento, obtendo *feedbacks* dos clientes.
4	• Mantém um relacionamento saudável com os clientes do processo em que atua, coordenando tecnicamente o planejamento contínuo de atendimento junto a eles, visando ao atendimento pleno de suas demandas e à superação de suas expectativas, considerando a agregação de valor que deve ser obtida por ambas as partes. • Coordena tecnicamente o planejamento de ações a serem implementadas junto aos clientes, estabelecendo prioridades de operações e atendimento e garantindo os critérios e indicadores de *performance* acordados.
3	• Desenvolve e controla atividades de negociação de questões comerciais/ mercadológicas com base nos possíveis impactos na satisfação/superação das expectativas dos clientes internos ou externos e agregação de valor a eles. • Garante o fornecimento de materiais/serviços aos clientes dos processos e/ou projetos de que faz parte, buscando antecipar as demandas futuras desses clientes, identificando problemas reincidentes ou estruturais no atendimento a eles e direcionando suas ações para a solução desses problemas. • Estabelece prioridades de operações e atendimento junto aos clientes e direciona as ações do processo em que atua para a garantia dos critérios e indicadores de *performance* acordados, visando atender e superar as demandas e expectativas dos clientes.
2	• Identifica e propõe melhorias e adequações no processo de atendimento aos clientes de sua área, realizando ajustes e definindo prioridades em seu conjunto de atividades para atender e/ou superar os níveis de serviços pactuados junto aos clientes. • Considera, em suas ações, o impacto na satisfação dos clientes e busca receber continuamente *feedbacks*. • Realiza análises simples de dados e informações comerciais, de mercado e financeiras, sugerindo ações de priorização nas operações de atendimento aos clientes.
1	• Realiza atividades de apoio estruturadas e rotineiras na área e/ou projeto de que faz parte, para atender os níveis de serviços acordados junto aos clientes dessa área e/ou projeto, procurando melhorar constantemente o atendimento. • Encaminha e monitora as solicitações e reclamações dos clientes a profissionais mais experientes. • Elabora relatórios simples sobre as operações relacionadas com os clientes de sua área e/ou projeto, encaminhando a profissionais mais experientes.

Cada nível de complexidade corresponde a um degrau de desenvolvimento no qual podem estar os profissionais da organização. Traduzem a capacidade em lidar com trabalhos de complexidade crescente ao longo da carreira.

Os níveis de complexidade também podem ser apresentados de uma forma mais sintética, tal qual o exemplo na figura a seguir, relativo a uma competência voltada para o Planejamento.

Descritivo sintético de níveis de complexidade

Nv	Síntese de Complexidade
4	**Papel de gestão estratégico** Foco da atuação é essencialmente estratégico, ou seja, estabelece diretrizes gerais e políticas de gestão para a organização com impacto no médio e longo prazos. Representa a organização no nível estratégico.
3	**Papel de gestão tático-estratégico** Foco da atuação é tático-estratégico, ou seja, suporta estratégia organizacional e orienta gestão tática. Orienta-se pela visão da organização como um todo. Influencia na definição de objetivos estratégicos/diretrizes da Organização e responde por objetivos tático-estratégicos.
2	**Papel de gestão tático** Foco de atuação tático, traduz a estratégia em planos de ação, a partir da visão da Organização como um todo e dos possíveis impactos em outras áreas. Responde por objetivos táticos da área sob sua responsabilidade. Gerencia uma área tendo foco e impactos essencialmente ligados a ela.
1	**Papel de gestão tático-operacional** Foco de atuação é tático-operacional. Gerencia um conjunto de atividades do processo tendo foco e impactos essencialmente ligados a mesma. Responde por objetivos operacionais. Desenvolve métodos e melhora processos.

O conceito de carreira permite relacionar as etapas da carreira — e seus níveis de complexidade — à remuneração fornecida pela empresa. À medida que a pessoa se desenvolve e passa a desempenhar atividades com maior nível de complexidade, maior é o valor que agrega para a empresa e maior o seu "valor", inclusive para o mercado.

Dutra (2008) relata sua experiência na definição de trajetórias profissionais associadas a carreira e remuneração. Para cada trajetória são construídos critérios de mensuração do nível de agregação de valor com base na complexidade de suas atribuições e responsabilidades. Na sequência, para cada degrau de complexidade são associadas faixas salariais, e as pessoas são enquadradas nas faixas de salário determinadas. Como se pode observar na figura que apresenta os eixos de carreira, existem patamares salariais equivalentes em várias carreiras distintas.

Vamos abordar a seguir com mais detalhes a remuneração por competências.

⦿ Remuneração

Remuneração é tudo que é recebido da empresa pelo trabalho. Pode ser direta ou indireta: salário fixo, bônus, premiações, participação nos lucros e resultados, previdência privada e benefícios em geral.

A gestão da remuneração é um aspecto crítico para as organizações. Apesar de todas terem como objetivo reconhecer a contribuição dada pelas pessoas, a dificuldade se encontra justamente em estabelecer uma medida capaz de "capturar" esse valor agregado de uma forma "justa". Nos sistemas usuais, é o conjunto de atividades (compreendidas em um cargo) que normalmente serve de base para a definição da remuneração.

No novo cenário empresarial, contudo, não se espera dos profissionais apenas a reprodução de atividades prescritas em seu cargo. Deseja-se que extrapolem esses limites, assumindo, proativamente, atribuições e respondendo a problemas não especificados anteriormente. O desafio, então, passa a ser encontrar modelos alternativos de gestão que considerem a crescente transformação do mundo e essa nova dinâmica de atuação dos profissionais.

As formas de recompensa devem, portanto, reconhecer as diferenças individuais e os diversos ritmos que os profissionais têm para assumir responsabilidades, uma vez que esses aspectos acabam por traduzir diferentes contribuições para com a organização. Devem ser buscados critérios flexíveis que acompanhem as mudanças que ocorrem tanto na empresa como no mercado.

A revisão da remuneração vem apontando cada vez mais para uma diminuição do salário fixo (estabelecido de acordo com cada cargo) e um aumento da parcela variável como forma de reconhecer a contribuição individual. A remuneração por competências é uma alternativa que vem ganhando destaque desde a década de 1970.

Aqueles que defendem a remuneração por competências reforçam sua capacidade de estimular o contínuo desenvolvimento das pessoas e atribuem a esse desenvolvimento papel fundamental na capacidade competitiva das empresas.

Percebe-se uma evolução do conceito de competências, que deixa de ser visto apenas como o acúmulo de conhecimentos, habilidades ou atitudes individuais e passa a representar também a "entrega", a "contribuição" resultante da mobilização desse conjunto de conhecimentos, habilidades e atitudes. Essa mudança traz importantes implicações na medida em que aproxima as competências do principal elemento que se quer reconhecer com a prática de recompensas: a contribuição dos profissionais.

Vamos entender melhor o conceito de remuneração estratégica.

◤ Remuneração estratégica

O conceito de remuneração estratégica representa a mudança da visão da remuneração como um fator de custo para uma visão voltada ao aperfeiçoamento da organização. Considera o contexto e a estratégia da organização, sua estrutura, o estilo gerencial adotado e a visão de futuro.

O que diferencia basicamente a abordagem estratégica da tradicional é que a primeira se baseia nas habilidades e pré-requisitos de um cargo enquanto a segunda baseia-se no desempenho do funcionário em determinado cargo e em como ele exerce sua habilidade em um determinado contexto.

Vale Saber

Quando se trata de gestão de cargos, é importante conhecer o artigo 461 da Consolidação das Leis do Trabalho (CLT), que faz parte do Capítulo II, Da Remuneração. Trabalho de igual valor é todo aquele que é realizado com igual produtividade e com a mesma perfeição técnica, entre pessoas cuja diferença de tempo de serviço não for superior a dois anos. Exceções só poderão ser consideradas "legais" quando o empregador tiver seus empregados organizados em quadro de carreira, devendo as promoções obedecer aos critérios de antiguidade e merecimento. Dentro de cada categoria profissional, as promoções deverão ser feitas por merecimento e antiguidade, alternadamente, dentro de cada categoria profissional.

Para conhecer esse e outros pontos da CLT, acesse o *site* oficial da Presidência da República: http://www.planalto.gov.br/ccivil_03/decreto-lei/del5452.htm Acesso em: out. 2014.

A abordagem estratégica visa a um alinhamento entre o trabalho de um funcionário e a estratégia da empresa. Segundo Wood e Picareli (2004), nota-se uma tendência para o aumento da parte variável da remuneração de acordo com o desempenho obtido com base em metas e indicadores previamente estabelecidos, sendo essa uma característica da remuneração estratégica. Dessa maneira, a empresa transfere para o empregado parte da responsabilidade sobre os lucros totais de seu negócio, fazendo assim com que ele perceba que seu trabalho e rendimento farão diferença para o todo.

Pode-se dizer, então, que um sistema de remuneração estratégica é uma combinação equilibrada de diferentes formas de remunerar um colaborador. As formas básicas de remuneração ainda compõem parte dos modelos estratégicos, sendo, contudo, combinadas com novas formas, visando ao aumento do vínculo entre as organizações e os funcionários.

As formas de recompensa que compõem um sistema de remuneração estratégica segundo Wood e Picareli (2004) podem ser classificadas em oito grandes grupos:

- **Remuneração funcional:** é determinada pela função e ajustada ao mercado.
- **Salário indireto:** compreende benefícios e outras vantagens. A aplicação dos benefícios pode variar entre a forma tradicional (definidos de acordo com o nível hierárquico) e a forma flexível (cada colaborador tem o direito de escolher o "pacote" de benefícios de sua preferência).
- **Remuneração por habilidades:** é determinada pela formação e capacitação dos funcionários, normalmente aplicada ao nível operacional. Preferencialmente aplicada a organizações que passaram por processos de mudanças e adotaram estruturas baseadas em grupos multifuncionais.
- **Remuneração por competências:** baseia-se também na formação e capacitação dos funcionários, sendo mais adequada ao nível gerencial. Pode tornar-se obrigatória para empresas que operam em ambientes muito competitivos.
- **Plano privado de aposentadoria:** o crescimento dos fundos de pensão relaciona-se diretamente com a disseminação dos sistemas de previdência privada.
- **Remuneração variável:** é vinculada a metas de desempenho dos indivíduos, das equipes ou da organização. Inclui a participação nos lucros e a remuneração por resultados.
- **Participação acionária:** vincula-se aos objetivos de lucratividade da empresa; é utilizada para reforçar o compromisso de longo prazo entre empresa e colaboradores.
- **Alternativas criativas:** incluem prêmios, gratificações e outras formas de reconhecimento.

> **Para Pensar**
>
> Quais são os modelos de remuneração utilizados pela empresa em que você atua? Você acha que é a melhor forma de estimular o desempenho da pessoa ou ele acaba remunerando de forma igual pessoas com desempenhos diferentes?

Consideradas importantes ferramentas no estímulo ao desenvolvimento do colaborador, os modelos de remuneração por habilidades ou por competências aparecem como expoentes na prática de remuneração estratégica.

A remuneração por competências passa a ganhar espaço nas organizações quando as empresas começam a desenvolver projetos para descobrir quais são os conhecimentos, habilidades e atitudes necessários para que o sucesso organizacional seja atingido. Vamos entender melhor o assunto na sequência.

◤ O modelo de remuneração por competências

A noção de remuneração por competências surge para suprir a necessidade das organizações de encontrar uma forma de recompensa ligada ao desenvolvimento das competências individuais, grupais e organizacionais. Seu principal objetivo é corrigir o ponto fraco do modelo funcional, tendo foco nas pessoas e preocupando-se fundamentalmente com a justiça e a transparência salarial.

Um fator crítico de sucesso do modelo de gestão por competências é a definição dos aspectos que irão compor o sistema, de como será implantado, e certificar-se de seu alinhamento com a estratégia organizacional. O modelo tem como base o conjunto de competências que são do domínio de um indivíduo e a maneira como elas são aplicadas em suas tarefas e funções diárias.

Para Resende (2002), o modelo de remuneração por competências recomenda que se projete o cargo cheio, ou seja, com todas as suas atribuições, qualificações e habilidades ideais. As pessoas serão avaliadas e remuneradas na medida em que atendam às exigências do cargo.

A maneira encontrada de vincular e o sistema de remuneração à gestão por competências é por meio da utilização de avaliações de desempenho.

Existem ainda muitas discussões em torno do tema remuneração por competências, bem como divergência entre a concepção do melhor modelo e a forma como é posto em prática.

Para ser obter um resultado adequado na aplicação do modelo de remuneração por competências é necessário utilizar a estratégia como ponto de partida. A partir dela, são desdobrados os conhecimentos, qualificações, atitudes e habilidades requeridos dos profissionais.

Existem oito princípios que devem ser considerados para definir uma lista de competências, a saber:

> (1) focalizar competências genéricas, (2) agrupar semelhanças, (3) focar necessidades futuras, (4) manter as competências mutuamente excludentes, (5) evitar o óbvio, (6) ter em mente que a competência deve ser observável e mensurável, (7) definir níveis de excelência e (8) evitar traços de personalidade (WOOD e PICARELI, 2004, p. 76).

Para que o modelo possa ser implantado com êxito é importante certificar-se de que as competências definidas para cada cargo/posição sejam observáveis e certificáveis, possibilitando sua mensuração de acordo com os padrões predeterminados nas avaliações de desempenho.

Essa forma de remuneração estimula o autodesenvolvimento e reconhece a qualificação dos empregos nas competências desejadas. É especialmente importante quando existe a necessidade de possuir profissionais multifuncionais, com maior qualificação e de fácil adaptação a mudanças ou novas tecnologias. A posição de um colaborador na estrutura da empresa (hierárquica e salarial) dependerá de seu nível de trabalho, que corresponderá a sua capacidade, e o pagamento será equitativo ao trabalho realizado.

A remuneração será definida por uma pontuação oriunda do resultado da avaliação de suas competências. Para Wood Jr. e Picareli (2004), a forma de avaliação mais recomendada para esse tipo de sistema é a avaliação 360°, em que o funcionário é avaliado por todos aqueles com quem interage na realização de seu trabalho. A avaliação 360° não é recomendável nos seguintes casos:

- avaliação de competências técnicas, uma vez que somente pessoas altamente qualificadas possuem *know-how* para avaliá-las;
- organizações que ainda não possuem uma "cultura de avaliação";
- organizações que estão em um processo de mudança com a implementação desse sistema.

Sugerem ainda a utilização de comitês de avaliação, já detalhados no item sobre avaliação de desempenho e de potencial.

Pode-se dizer que, para que haja a estruturação de um plano de remuneração por competências, são necessárias três etapas: identificação e seleção das competências; desenvolvimento de um sistema para sua avaliação e criação de uma tabela salarial (será necessário escolher se o acréscimo monetário pela aquisição ou desenvolvimento de competências será via salário fixo ou remuneração variável).

Para construir uma lógica entre a avaliação das competências e o salário é necessário, primeiramente, avaliar o tipo de estrutura predominante na organização. Caso ela tenha uma estrutura flexível, a lógica será atribuir valores ao grau de proficiência de cada uma das competências ou de conjuntos de competências.

Quando a organização estiver em um período de mudança ou transformação, o sistema deverá ser estruturado considerando faixas salariais amplas, com base em pesquisas de mercado, levando em conta o nível de complexidade e a importância de cada grupo de cargos. Uma vez definidos os valores da faixa salarial, o salário de cada colaborador deverá ser definido com base na pontuação obtida por cada um na avaliação de competências.

Sobre a questão de "recompensar" as competências via salário fixo ou remuneração variável, há que se considerar que o atrelamento ao salário fixo pode trazer riscos para a organização, visto que não há como garantir que um profissional continuará possuindo determinada competência ao longo do tempo.

Por mais que seja um modelo de remuneração aparentemente adequado às condições do mercado atual, permitindo a criação de vantagem competitiva, possui alguns pontos de atenção que devem ser considerados em sua implantação.

O primeiro é a frustração da expectativa de redução de custos no curto prazo, uma vez que os ganhos de produtividade acontecem em tempos mais longos do que o aumento dos custos com remuneração, que, muitas vezes, é notado quase imediatamente após a adoção do sistema.

Outro ponto importante é definir de forma clara e objetiva os comportamentos mensuráveis para as competências, pois, caso isso não ocorra, não será possível definir valores salariais ou de remuneração variável coerentes e confiáveis.

ESTUDO DE CASO

Felipe está perplexo com o que significa, de fato, a Gestão por Competências. Ele não tinha visibilidade do impacto que os subsistemas de Gestão de Pessoas terão com a adoção de tal modelo. Além de ter que se preocupar com o envolvimento de profissionais de Gestão de Pessoas responsáveis por vários dos subsistemas afetados, é de fundamental importância realizar uma consulta jurídica sobre a questão da remuneração por competências, além de ter que considerar a implantação de um sistema integrado de RH – um ou mais *softwares* integrados – que permita a integração entre os formulários e acessos necessários à viabilização efetiva de implantação do modelo.

Resumo Executivo

- É importante que os subsistemas e atividades de gestão de pessoas sejam estruturados em torno da aplicação do conceito de competência.

- A seleção por competências é cada vez mais usual, apesar de não haver um consenso conceitual e prático sobre o assunto.

- Para que a seleção por competência possa acontecer, a empresa deve ter mapeado suas competências organizacionais e aquelas que constituem os perfis de cargo ou função.

- A entrevista comportamental objetiva identificar, no perfil dos candidatos, comportamentos específicos que são pré-requisitos para ocupar de forma adequada a vaga que está em aberto.

- As perguntas comportamentais são abertas, específicas, situacionais e relacionadas com fatos passados.

- A avaliação de desempenho deve ser feita com base nas competências necessárias para o atingimento dos objetivos organizacionais.

- Quando utilizadas em instrumentos de avaliação de desempenho, as competências devem ser descritas como comportamentos passíveis de observação ou evidências-chave.

- O potencial trata do futuro, do vir a ser.

- Muitas organizações ainda não possuem um mecanismo formal de avaliação de potencial.

- Considerando a avaliação de desempenho e de potencial, são identificados *gaps* entre as competências que os empregados possuem e aquelas que deveriam possuir, o que identifica necessidades de desenvolvimento.

- As competências individuais e organizacionais precisam ser identificadas e desenvolvidas, o que significa um processo de aprendizagem organizacional.

- A educação corporativa deve ter como objetivo orientar e direcionar todas as ações educacionais, respondendo às demandas de curto, médio e longo prazos.

- Os métodos de desenvolver ou aperfeiçoar as competências podem ser diferentes em cada organização.

- Empresas usam tanto métodos formais (cursos presenciais, a distância e híbridos) de capacitação como métodos não formais (treinamentos no posto de trabalho – *on the job*, ações de coaching e realização de estágios e visitas técnicas).

- Trilha de Desenvolvimento (ou Matriz de Capacitação) é um currículo que identifica os treinamentos obrigatórios para ocupantes de determinados cargos e funções.

- Itinerários por cargo permitem uma visualização do tempo e dos treinamentos que devem ser realizados antes do início em uma dada função.

- O desenho do itinerário, as modalidades de treinamentos possíveis e suas respectivas cargas horárias devem estar em consonância com as políticas e práticas de gestão de pessoas da organização.

- Um catálogo de treinamentos bem construído é a base para profissionais bem formados e capacitados para o adequado exercício da função.

Teste Seu Conhecimento

Vamos verificar o que você aprendeu e fixar alguns dos conceitos mais importantes apresentados até aqui?

Caso a pergunta se refira a experiência profissional e você não a tenha, converse com amigos e familiares, pesquise em publicações especializadas ou então apresente seu ponto de vista tendo como base o conteúdo aprendido neste capítulo. Algumas sugestões de resposta seguem ao final do livro.

1. Para fins de seleção, qual sua opinião sobre a categorização das competências em competências técnicas e comportamentais?
2. O que é entrevista comportamental?
3. O que é a avaliação de desempenho por competências ou a avaliação por competências?
4. Para que servem as avaliações por competência?
5. Qual a diferença entre desempenho e potencial?
6. Como podem ser identificadas necessidades de desenvolvimento dos colaboradores de uma determinada organização?
7. O que é e qual a principal vantagem da elaboração de Trilhas de Desenvolvimento por cargos?
8. Qual dos tipos de itinerário apresentados seria mais adequado à organização em que você atua? Por quê?
9. A empresa em que você atua possui uma Universidade Corporativa estruturada? Quais suas principais atividades e responsabilidades?
10. Qual a relação entre as Universidades Corporativas e a Gestão por Competências?

Capítulo 7

Gestão por Competências e Gestão do Conhecimento

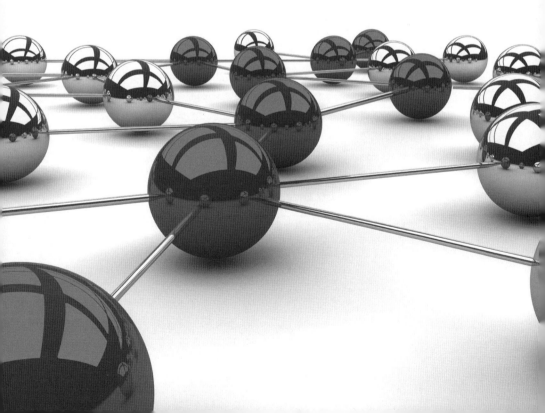

ESTUDO DE CASO

Patricia informou a Felipe que a explicação estava quase no fim. Resolveu utilizar os últimos comentários de Felipe para finalizar sua apresentação focando a Gestão do Conhecimento. Felipe trouxe à tona aspectos relativos ao tema de forma intuitiva quando falou sobre a necessidade de haver um sistema integrado para dar suporte à implantação da gestão por competências. Além disso, existem outras interfaces entre a Gestão por Competências e a Gestão do Conhecimento. Vamos entender mais sobre o assunto na sequência.

◉ O que é a gestão do conhecimento?

A implementação de modelos de Gestão por Competências e de Gestão do Conhecimento conquista cada vez mais importância visto que trabalhadores sem a qualificação necessária prestam serviços de má qualidade. Assim, procura-se adotar a gestão por competências como alternativa para melhorar a qualidade e a eficiência dos serviços/produtos. A Gestão do Conhecimento aparece como aliada no processo porque proporciona formas de salvaguardar e disseminar o conhecimento e as práticas de uma determinada organização.

A Gestão do Conhecimento ou *Knowledge Management* (KM) representa um conjunto de ações e políticas para proteger e preservar o patrimônio do conhecimento corporativo. Como conhecimento corporativo, entende-se o conjunto de informações, experiências, aprendizado, tecnologias e processos de uma corporação, sejam eles administrativos, comerciais ou produtivos.

O conhecimento é vivo e dinâmico, possuindo um componente tácito, difícil de expressar, de formalizar, e um componente explícito, mais visível. Segundo Cherman (2012), a Gestão do Conhecimento representa um esforço intencional e coordenado, por parte da gestão da organização, para coletar e gerenciar os ativos de conhecimento de modo a disponibilizá-los onde são necessários, utilizá-los em suas atividades e maximizá-los em sua própria recriação.

A Gestão do Conhecimento vem ganhando importância nas últimas décadas visto que o mundo está em transformação constante, associada a uma explosão da informação, sendo a tecnologia um grande impulsionador de tantas mudanças. Processos de reestruturação, *downsizing*, fusões e aquisições, entre outros, geram a possibilidade de perda da memória organizacional e o consequente enfraquecimento do conhecimento acumulado ao longo de anos de atuação. Em um contexto incerto e complexo, o conhecimento passa a ser um importante diferencial de competitividade.

Apesar da inegável importância do conhecimento e de sua gestão por parte das organizações, é possível perceber ainda uma falta de preparo para realizá-lo. São poucas ainda as iniciativas planejadas de retenção, disseminação, desenvolvimento, registro, compartilhamento, aplicação e transformação do conhecimento de uma forma contínua e sistematizada.

Para que se possa abordar de forma apropriada a Gestão do Conhecimento, é importante conhecer seu ciclo, que segue representado na próxima figura e explicado na sequência.

Ciclo da gestão do conhecimento

- Gerar
- Captar
- Organizar
- Compartilhar

Vamos entender melhor esse ciclo?

A captação do conhecimento é um processo ativo de busca e captura dos conhecimentos internos (quem sabe o quê) e a identificação dos conhecimentos que a organização não possui para captá-los externamente, o que pode ser feito de diversas formas, como, por exemplo, via aquisição (patentes e compra de empresas, entre outros), realização de parcerias (acordo de cooperação, alianças e *joint-ventures*) ou desenvolvimento de relacionamento (com clientes, fornecedores, universidades, institutos de pesquisa, entre outros).

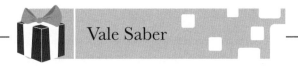

Vale Saber

Você já ouviu falar em inovação aberta ou *open inovation*? De forma simples, pode-se dizer que é um modelo de inovação em que as empresas vão buscar fora de suas áreas de Pesquisa e Desenvolvimento (P&D) ideias e projetos que podem ajudá-las a agregar diferenciais competitivos. Diversos são os parceiros que podem ajudar no processo, tais como clientes, comunidades de usuários, Institutos de Ciência e Tecnologia (ICT) e fornecedores.

Achou interessante? Assista a uma entrevista recente do "pai" da inovação aberta, Henry Chesbrough, no World Economic Forum.
https://www.youtube.com/watch?v=02tCs3oKovc
Acesso em: out. 2014.

A organização trata da retenção do conhecimento via utilização de ferramentas de suporte e acesso ao conhecimento disponível na instituição; diz respeito à formação e à manutenção da memória organizacional.

O compartilhamento do conhecimento é o desenvolvimento de atividades, processos e ferramentas de compartilhamento e transferência, bem como a construção de ambiente, cultura e sistemas de incentivo ao compartilhamento. Atividades voltadas à capacitação são fundamentais para a transferência de conhecimento, tanto tácito como explícito. Já a geração de novos conhecimentos está ligada à forma como os conhecimentos são combinados, formando novos conhecimentos.

Os quatro focos apresentados estão interligados em um ciclo contínuo e ininterrupto de atividades de captura-organização-compartilhamento-geração de conhecimentos.

> **Para Pensar**
>
> Considerando as etapas do ciclo de Gestão do Conhecimento (captar, organizar, disseminar e gerar conhecimento), sua empresa possui algum investimento em alguma delas?
>
> Você acha que a empresa em que atua pode ter prejuízos significativos com a perda de profissionais? Reflita sobre o assunto.

Quando abordamos a Gestão do Conhecimento, é fundamental retomarmos dois conceitos já apresentados de forma sintética anteriormente: o conhecimento tácito e o explícito.

O conhecimento tácito é difícil de ser visto e descrito. É pessoal e de difícil formalização, o que dificulta sua transmissão e compartilhamento. Encontra-se enraizado nas ações e experiências de um indivíduo, bem como em suas emoções, valores ou ideais. Nonaka e Takeuchi (1997) identificam duas dimensões nesse tipo de conhecimento, uma técnica (*know-how* ou "saber como" fazer algo) e outra cognitiva (formada por esquemas, modelos mentais, crenças e percepções que são tidos como verdadeiros). A dimensão cognitiva define a imagem de realidade e a visão de futuro de uma determinada organização. São modelos implícitos, de difícil articulação, mas que moldam a forma como o mundo é percebido.

Já o conhecimento explícito é aquele encontrado de forma mais estruturada, palpável e descritiva. É mais facilmente "processado" em computador, transmitido como uma informação organizada, documentado, armazenado em um banco de dados e implementado com a utilização de tecnologia.

Gestão por Competências e Gestão do Conhecimento — 153

ESTUDO DE CASO

Felipe voltou a pensar na rotatividade da empresa no último ano, de 30 %, considerando apenas os desligamentos por iniciativa do empregado. Se incluirmos os desligamentos por conta da empresa, esse número aumenta e vai para 35 %. Além disso, nos próximos cinco anos, existe a expectativa de que 5 % do quadro se aposente. Considerando o foco especializado Typpit, a perda de conhecimento relevante para a organização, principalmente de caráter tácito, tem sido bastante relevante, e não tem ocorrido nenhuma iniciativa significativa para tentar, de alguma forma, reter esse conhecimento.

Qual a sua avaliação do *turnover* da empresa de Felipe? Que sugestões, com foco na Gestão do Conhecimento, você daria a ele?

O conhecimento tácito que é desenvolvido por meio da interação entre as pessoas precisa ser explicitado e comunicado em uma linguagem que a organização compreenda para que outros possam experimentá-lo e internalizá-lo. A Espiral do Conhecimento, proposta por Nonaka e Takeuschi (2000), apresenta quatro padrões básicos de compartilhamento do conhecimento que devem ser trabalhados nas organizações. Verifique a próxima figura e a explicação que é dada na sequência.

As pessoas compartilham conhecimentos tácitos umas com as outras, ou seja, aprendem por meio da socialização, sem que, necessariamente, os conhecimentos precisem ser explicitados. Ao trabalharmos com alguém no dia a dia, temos a impressão de aprender muito com ele, sem que ele jamais tenha explicado de modo estruturado aquilo que conhece. Trata-se do aprendizado por meio da observação, da imitação, da prática conjunta (muitas organizações consideram esse tipo de transferência do conhecimento como aprendizado no posto de trabalho, ou *on the job training*). Representa a transformação de conhecimentos tácitos em conhecimentos tácitos.

A transformação de conhecimentos tácitos em conhecimentos explícitos ocorre quando é possível expressar, formalizar o conhecimento tácito que se tem sobre como realizar algum trabalho ou atividade, possibilitando o seu compartilhamento com os demais. Alguns exemplos de externalização são:

- Cozinheira que sabe cozinhar e resolve reproduzir, em vídeos, sua forma de preparar os alimentos.
- Gerente de marketing que constrói um banco de dados com informações sobre o perfil de comportamento de seus clientes, com base na experiência adquirida.
- Gerente de Projetos que documenta as lições aprendidas e registra as melhores práticas de forma que as informações possam ser utilizadas por outros.

A externalização é quando há o registro de detalhes que geralmente passam despercebidos, mas que fazem toda a diferença no momento de realizar uma determinada atividade. É o famoso "pulo do gato", que quase ninguém quer revelar.

Ocorre ainda a transformação de conhecimentos explícitos em conhecimentos explícitos, que é a mais fácil de ocorrer. O conhecimento que um indivíduo possui, de forma estruturada e explícita, é trocado, transmitido aos demais por meio de reuniões e treinamentos. O conhecimento explícito transmitido pode, então, ser associado a outros conhecimentos explícitos que cada um possui, gerando novos conhecimentos.

Quando os conhecimentos explícitos são compartilhados, outros empregados começam a utilizá-los para ampliar e reformular seus conhecimentos tácitos. A internalização do conhecimento significa que o indivíduo já o incorporou ao seu acervo interno e o utiliza para construir novos conhecimentos. Dessa forma, os conhecimentos explícitos também podem ser transformados em tácitos.

◉ Transferência e compartilhamento de conhecimentos

Como vimos em capítulos anteriores, a aprendizagem é o processo pelo qual se adquirem ou se desenvolvem competências. O desempenho da pessoa no trabalho representa uma expressão de suas competências, uma manifestação do que foi aprendido ao longo da vida. O uso adequado e eficiente do conhecimento é o que confere a competência. Os processos de aprendizagem e criação de condições para concepção do conhecimento começam no nível individual, nas pessoas, que são o ponto de partida e de sustentação para a ação estratégica da organização.

O papel estratégico do conhecimento é cada vez mais difundido. As organizações passaram a valorizar a experiência e o *know-how* de seus funcionários, visto que demissões ou aposentadorias são fenômenos comuns, mas que podem fazer com que trabalhadores levem consigo o conhecimento construído ao longo de suas vivências nas organizações. Se o conhecimento não está registrado e acessível, pode haver perdas significativas ao negócio. Imaginem uma organização que tem uma atuação muito específica e especializada, em que apenas uma pessoa é detentora do *know-how* em relação a algum produto ou serviço. Vamos dar um exemplo: em uma siderúrgica, o profissional que executa a "sopragem" para obtenção de aço líquido é o detentor de um conhecimento crítico altamente relevante ao negócio. Trata-se de um conhecimento técnico e operacional que demanda ao profissional pelo menos dois anos de trabalho na função para assimilar o *know-how* da sopragem correta. Não há cursos para a formação, e trata-se do tipo de profissional que não é facilmente encontrado no mercado, dada a especificidade de sua atuação. Imagine agora o risco dessa empresa, que está, literalmente, "nas mãos" desse profissional? Como desenvolver um programa para identificar, organizar, registrar e disseminar conhecimentos tácitos tão importantes para o negócio?

Várias organizações com atuação em segmentos de mercado bastante específicos já perceberam a importância do conhecimento tácito de seus profissionais e têm agido no sentido de identificar, organizar, registrar e disseminar esse tipo de conhecimento, de forma que a empresa não seja impactada em uma ocasional perda de profissionais para o mercado ou por aposentadoria e eventualidades.

Como isso pode ser feito? A figura que segue apresenta uma sugestão, um esquema, de mapeamento de competências profissionais integrado à identificação de conhecimentos tácitos críticos, bem como construção de Trilhas de Desenvolvimento para o desenvolvimento das competências dos profissionais, inclusive as vinculadas aos conhecimentos críticos.

Comitês técnicos para mapeamento de competências, identificação de conhecimentos críticos e construção de trilhas de desenvolvimento.

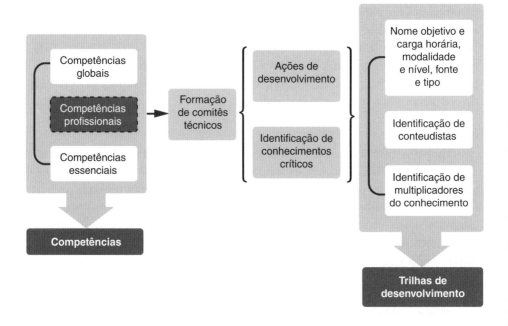

Como a empresa pode identificar os conhecimentos que são, de fato, críticos para sua atuação? Que critérios utilizar? Uma sugestão de cunho bastante prático e simples é apresentada na sequência:

- Trata-se de um conhecimento diretamente relacionado a um posto de trabalho ou função. A ausência deste conhecimento traz risco iminente para a atividade, com impacto direto na qualidade, custo, produtividade ou segurança da cadeia produtiva.
- A obtenção deste tipo de conhecimento e das habilidades específicas inerentes requerem do profissional uma qualificação adquirida via experiência *on the job* (prática), cujo aprendizado é de difícil absorção, implicando na dificuldade de reposição do ocupante no posto de trabalho ou função.

Em outras palavras, conhecimentos críticos possuem grande impacto na qualidade do produto ou serviço (da área ou o produto final da empresa) e na segurança do trabalho; são de difícil reposição, visto que encontra-se vinculado ao funcionário detentor do conhecimento e faz-se necessário um longo período de formação prática (dois anos ou mais) para o desenvolvimento desse conhecimento. A situação merece atenção diferenciada quando, além de todos os itens citados, não existe sucessor preparado, formado para substituição do ocupante, que pode ainda ser parte de alguma população de "risco" (por exemplo, aposentáveis, cargos com alta periculosidade e insalubridade).

Sugerimos a utilização da seguinte matriz para a avaliação da criticidade dos conhecimentos. Quanto maior a quantidade de critérios que um determinado conhecimento preencher, mais crítico ele é. Dessa forma, a organização consegue ter uma priorização do que deverá focar.

Identificação de criticidade de conhecimentos

Critérios	Conhecimento A	Conhecimento B	Conhecimento C
• Ausência de cursos da educação formal para possibilitar a capacitação de substitutos		x	
• Detentor do conhecimento faz parte de alguma população de risco, como por exemplo aposentáveis e desengajados	x	x	
• Dificuldade de reposição do funcionário detentor do conhecimento		x	
• Grande impacto na qualidade do produto da área ou produto final	x	x	x
• Grande impacto na segurança		x	
• Grande tempo de formação prática (2 anos aproximadamente)	x	x	x
• Não existência de sucessor para substituição do ocupante		x	
Criticidade do conhecimento	**3**	**7**	**2**

Quanto à efetiva implantação da Gestão do Conhecimento, pode-se dizer que alguns projetos vêm sendo implantados com sucesso nas organizações, tal como a Inteligência Competitiva, o Mapeamento do Conhecimento e a adoção de Melhores Práticas. O modelo da Inteligência Competitiva identifica quais são as informações mais relevantes que devem ser coletadas e analisadas, visando transformá-las em conhecimento e encaminhá-las ao cliente do modo mais eficiente e rápido. Já o Mapeamento do Conhecimento indica três tipos de gestão: gestão de competências (identificar quais as competências e habilidades de que a organização necessita e quais as que seus colaboradores possuem para identificar as lacunas existentes e definir um plano de ação); gestão de processos (identificar os processos-chave para o negócio, de modo a alcançar os objetivos estratégicos da organização e redesenhá-los à luz do conhecimento da empresa); e gestão de relacionamentos (identificar os relacionamentos necessários para alcançar os objetivos estratégicos da organização, quais os que existem na empresa e com os colaboradores para definir um plano de ação).

Quanto às Melhores Práticas, elas se relacionam com o *benchmarking* e as lições aprendidas que se referem à identificação, ao armazenamento, à organização e divulgação das práticas desenvolvidas tanto pela empresa (sucessos e fracassos) como fora da empresa, que podem ser utilizadas como modelos pela organização de forma a evitar o retrabalho. *Benchmarking* pode ser definido como um processo contínuo de comparar resultados de uma empresa, utilizando indicadores estabelecidos, com os líderes mundiais do seu negócio, para obter informações que irão ajudar a empresa a implementar ações que melhorem suas *performances*.

Na prática, documentam-se as experiências de sucesso e elas são compartilhadas, reutilizando o conhecimento adquirido e evitando, assim, o retrabalho. O *benchmarking* também promove a melhoria nos produtos e serviços prestados, a partir da construção de um banco de melhores práticas validadas por especialistas.

Para que um sistema de Gestão do Conhecimento seja eficiente deve ser de fácil utilização por todos. Deve ser flexível para adequar-se às necessidades e particularidades de cada ambiente corporativo. Diferentes usuários necessitam de diferentes permissões, e isso deve ser considerado.

Cherman (2012) compilou uma abrangente lista de ferramentas e iniciativas para a Gestão do Conhecimento. Na sequência detalharemos aquelas mais diretamente ligadas à Gestão por Competência, a saber: Banco de Competências;

Mapeamento de Conhecimentos e Páginas Amarelas; Treinamento, Desenvolvimento e Educação Corporativa; Multiplicadores do Conhecimento e Remuneração por Competências.

O Banco de Competências é um repositório de informações sobre a capacidade dos funcionários. Pode tanto focar o conhecimento obtido por meio de ensino formal e eventos de treinamento ou aperfeiçoamento reconhecidos pela instituição como mapear e registrar, de forma mais ampla, a competência dos funcionários, incluindo experiência e áreas de especialidade de cada um, bem como informações sobre conhecimentos tácitos.

O Mapeamento do Conhecimento e Páginas Amarelas proporciona a formação de um repositório de informações sobre a localização de conhecimentos na organização, identificando pessoas ou equipes detentoras de determinado conhecimento. Identifica quem sabe o quê, como e onde a informação é armazenada.

Já o Treinamento, Desenvolvimento e Educação Corporativa (TDE) permitem o acesso a conhecimentos estruturados, formais e explicitados por várias formas, incluindo programas de Educação Continuada – palestras, cursos técnicos e *workshops*, tanto presenciais como a distância – podendo evoluir para a formação de uma Universidade Corporativa. Visam desenvolver comportamentos, atitudes e conhecimentos mais amplos, bem como habilidades técnicas mais específicas. Sua relação com a Gestão por Competências se configura a partir do momento em que a empresa elabora, com base nas competências identificadas, Trilhas de Desenvolvimento específicas. É possível perceber um movimento, por parte de várias organizações, de considerar não apenas a transmissão de conhecimento explícito, mas também do conhecimento tácito, via, por exemplo, a consideração do treinamento no posto de trabalho como uma forma de capacitação.

Meister (1999), uma das primeiras autoras a tratar de educação corporativa, reforça a ideia do alinhamento entre a Educação Corporativa e a estratégia empresarial. A Educação Corporativa deve propiciar o desenvolvimento de competências necessárias para a sustentação da vantagem competitiva das organizações, devendo propiciar o aprendizado contínuo, oferecendo soluções de aprendizagem e compartilhamento de conhecimentos e atuando no sentido de que todos na organização tenham as qualificações necessárias e adequadas para sustentar os objetivos empresariais.

Segundo Ribeiro (2008), o trabalho da Educação Corporativa deve fundamentar-se em três pontos:

- Ação educacional abrangente, para atender não só os profissionais internos, mas outros públicos, como os parceiros, fornecedores, e até clientes, que integram a ampla cadeia produtiva da empresa.

- Modelo de Competências das necessidades estratégicas da empresa, que guiará o desenvolvimento das competências individuais.
- Princípios educacionais baseados em novos paradigmas, em que os processos e fluxos aprendizagem se baseiam em compartilhamento e colaboração.

A formação de Multiplicadores de Conhecimento costuma ser feita com base no banco de competências e no mapeamento do conhecimento. Permite que a organização identifique seus especialistas internos, os detentores de competências importantes para organização.

A formação envolve a preparação e o treinamento desses especialistas em técnicas de apresentação e didática para possibilitar que ministrem os treinamentos em sala de aula, multiplicando os conhecimentos advindos da experiência prática e da vivência. Algumas empresas preferem distinguir dois atores no processo de transmissão de conhecimentos: os conteudistas e os multiplicadores. Os primeiros seriam os profundos conhecedores de um determinado assunto, aqueles que servem de fonte para a obtenção de conhecimentos que serão registrados e disseminados por meio de cursos ou outras modalidades de capacitação. Os últimos são aqueles que, podendo ou não ser conteudistas, fazem a transmissão do conteúdo que foi explicitado, agindo na disseminação de determinado conhecimento relevante para a organização.

São muitas as vantagens na utilização de multiplicadores ou educadores internos, tais como: transmissão de conhecimentos explícitos e tácitos, dos modos de fazer, dos cuidados que devem ser tomados; aproxima e integra profissionais de níveis diferentes, facilitando as relações; serve como fonte de motivação para os profissionais experientes, que têm seus conhecimentos reconhecidos e são "referência' para os mais novos; entre outras.

Os educadores internos refletem a cultura da organização em termos de compartilhamento e trabalho colaborativo em equipe. O papel desses profissionais exemplifica a cultura de disseminação de conhecimento daquela organização. Existem empresas que possuem programas muito bem organizados de formação e reconhecimento de Multiplicadores Internos. Cabe ressaltar que a escolha de profissionais que irão atuar na disseminação de conhecimentos específicos da empresa deve considerar tanto o conhecimento técnico como o perfil de comportamento e de relacionamento interno na organização.

ESTUDO DE CASO

Felipe trabalhou em algumas organizações em que não havia a diferenciação entre conteudista e multiplicador, contudo consegue perceber, após a explicação de Patricia, que podem ser papéis ocupados por pessoas distintas. Felipe resolveu tentar traçar o perfil de ambos os papéis. Vamos ajudá-lo?

Características	
Conteudista	Multiplicador

Após coleta dos dados técnicos junto aos conteudistas identificados como detentores de conhecimentos e habilidades relevantes para a organização, sugerimos que haja um trabalho de desenho instrucional que permita a maximização da possibilidade de aprendizado do conhecimento registrado.

Vale Saber

O *design* instrucional objetiva criar experiências de aprendizado, tornando-o mais fácil. O termo pode ser entendido como a ação intencional e sistemática de ensino que envolve o planejamento, o desenvolvimento e a aplicação de métodos, técnicas, atividades, materiais, eventos e produtos educacionais em situações didáticas específicas com o objetivo de promover a aprendizagem.

A Gestão e Remuneração por Competências já foi abordada anteriormente e consiste em uma estratégia de gestão baseada nas competências requeridas para o exercício das atividades de determinado posto de trabalho e consequente remuneração pelo conjunto de competências efetivamente exercidas.

A Gestão por Competências faz parte de um movimento voltado a oferecer alternativas eficientes de gestão, sendo possível, por meio de sua aplicação, a descrição detalhada das competências exigidas pela organização e das que dizem respeito a cada cargo, função ou espaço ocupacional. A seguir é realizada uma mensuração das competências disponíveis, e ações corretivas são desenvolvidas em relação à alocação de pessoal e também em relação ao Treinamento e Desenvolvimento (T&D). Quanto à Gestão do Conhecimento, trata-se de um meio de sistematizar/documentar as experiências de sucesso e compartilhá-las, reutilizando o conhecimento adquirido a fim de evitar o retrabalho.

Os modelos mencionados – Gestão por Competência e Gestão do Conhecimento – são, portanto, complementares, visto que permitem a transformação do conhecimento tácito/individual em explícito, disseminando-o para a organização. Cria-se, dessa forma, uma maneira de reter a *expertise* das práticas com maior grau de sucesso, por meio da definição das competências dos profissionais. Desse modo, tanto a Gestão por Competências como a Gestão do Conhecimento tendem a ser caminhos para o alinhamento das políticas de gestão de pessoas às estratégias de negócio.

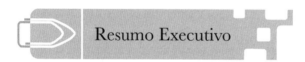

Resumo Executivo

- A gestão do conhecimento vem ganhando importância nas últimas décadas.

- Processos de reestruturação, *downsizing*, fusões e aquisições, entre outros, geram a possibilidade de perda da memória organizacional.

- A Gestão do Conhecimento consiste em um conjunto de ações e políticas que visam salvaguardar o patrimônio do conhecimento corporativo.

- O conhecimento é algo vivo e dinâmico que possui um componente tácito, difícil de expressar, de formalizar.

- O conhecimento tácito é difícil de ser visto e descrito. É pessoal e de difícil de formalização, o que dificulta sua transmissão e compartilhamento.

- O conhecimento explícito é aquele encontrado de forma mais estruturada, palpável e descritiva. É mais facilmente "processado" em computador, transmitido como uma informação organizada, documentado e armazenado em um banco de dados.

- Muitas organizações desenvolvem projetos de gestão do conhecimento voltados para a identificação de conhecimentos tácitos críticos.

- O ciclo da Gestão do Conhecimento é constituído por: captação, organização, disseminação e geração de conhecimentos, tanto tácitos como explícitos.

- Inúmeras são as ferramentas utilizadas para a Gestão do Conhecimento, como: intranet, normas, manuais, procedimentos, fóruns e sistemas de coleta e pesquisa de informações, Gerenciamento Eletrônico de Documentos e Fluxo de Trabalho (*Workflow*).

- Ferramentas e iniciativas para a Gestão do Conhecimento mais diretamente ligadas à Gestão por Competência: Banco de Competências, Mapeamento de Conhecimentos e Páginas Amarelas, Treinamento, Desenvolvimento e Educação Corporativa e Multiplicadores do Conhecimento.

Teste Seu Conhecimento

Vamos verificar o que você aprendeu e fixar alguns dos conceitos mais importantes apresentados até aqui?

Caso a pergunta se refira a experiência profissional e você não a tenha, converse com amigos e familiares, pesquise em publicações especializadas ou então apresente seu ponto de vista tendo como base o conteúdo aprendido neste capítulo. Algumas sugestões de resposta seguem ao final do livro.

1. O que é a Gestão do Conhecimento?
2. Você acha a Gestão do Conhecimento importante? Por quê?
3. O que é conhecimento tático?
4. O que é conhecimento explícito?
5. Identifique e explique uma forma como as pessoas compartilham conhecimentos tácitos umas com as outras.
6. Quando ocorre a transformação de conhecimentos tácitos em conhecimentos explícitos? Cite um exemplo.
7. Explique o ciclo de Gestão do Conhecimento.
8. A empresa em que você atua apresenta alguma iniciativa voltada para o ciclo de gestão do conhecimento explicado na questão anterior? Qual?
9. Indique alguns critérios que podem ser utilizados para a
10. A empresa em que você atua possui alguma iniciativa de identificação de conhecimentos tácitos (críticos)? Qual?

Capítulo 8

Questões Práticas e Lições Aprendidas

ESTUDO DE CASO

Ufa, quantas novas informações Felipe recebeu! Além de estar em um processo de se adaptar à nova empresa em que ingressou, a Typpit, ainda aprendeu:
- Necessidade de planejar a área de Gestão de Pessoas considerando a estratégia da organização.
- Principais definições e categorizações das competências.
- Instrumentos e formas para realizar o mapeamento de competências.
- Impactos da utilização do conceito de competência nos subsistemas de Gestão de Pessoas: seleção, avaliação de desempenho e potencial, treinamento/desenvolvimento, remuneração, carreira e sucessão.
- Relação entre a Gestão por Competências e a Gestão do Conhecimento.

Felipe está animado, pois chegou a hora de arregaçar as mangas e colocar em prática o que aprendeu. Agradeceu muito a Patricia por suas explicações e prometeu que iria levar em consideração todas as suas dicas e conselhos.

Patricia resolveu então ajudar um pouco mais Felipe, apresentando um resumo de dicas e as lições aprendidas ao longo de anos de atuação.

Vamos conhecer essas dicas?

Muito se tem ouvido e lido sobre competências e gestão por competências. Apesar de muita teoria, a prática sobre o assunto ainda não é uniforme. Longe de tentar esgotar tão rico e controverso assunto, o objetivo foi contribuir com a discussão sobre o tema e apresentar como temos tratado, empiricamente, o processo de mapeamento de competências e também a construção de trilhas de desenvolvimento, bem como seu relacionamento com a gestão do conhecimento, em especial em organizações altamente especializadas que não encontram profissionais "prontos" no mercado de trabalho.

Ao longo de nossa atuação consultiva, temos percebido iniciativas no sentido da implantação da gestão por competências, porém, na maior parte das vezes, é possível encontrar apenas algumas atividades orientadas pelo conceito de competências, sendo as demais ainda executadas da forma tradicional, sem foco no resultado ou no que é crítico para a empresa.

Muito já se evoluiu, se considerarmos a origem da área de Gestão de Pessoas, primeiro como um Departamento de Relações Industriais, passando para um Departamento de Pessoal, evoluindo para áreas de Recursos Humanos e depois para setores de Gestão de Pessoas. Quem sabe daqui a algum tempo não encontraremos também outras nomenclaturas, tais como departamentos de Gestão por Competências, Universidades Corporativas e Áreas de Gestão do Conhecimento? Mais do que um jogo de palavras, essas alterações demonstram como o ser humano vem sendo tratado e considerado pelas organizações ao longo do tempo.

É importante aproveitar o espaço para dar algumas sugestões, um *checklist* que pode ser utilizado caso a empresa tenha a intenção de trabalhar com a Gestão por Competência:

- Necessidade de envolvimento da alta direção, que deve atuar como patrocinadora do projeto.
- Definição de se o mapeamento será por áreas de conhecimento, processos, por cargos/funções, por disciplinas (grandes temas, tais como Manutenção, Recursos Humanos, Finanças, Logística), considerando as expectativas e os resultados esperados pela organização, bem como as características relativas a estrutura, tipo de negócio e dispersão geográfica.
- Consideração de todos os subsistemas ou atividades de gestão de pessoas no momento de elaborar o modelo e o conceito de competência, para que não seja uma iniciativa isolada e sem chance de replicação nas demais atividades.
- Identificação de patrocinador ou patrocinadores para o projeto, além da alta direção.
- Elaboração e desenvolvimento de um plano de comunicação do projeto.
- Realização de comitês – grupos focais – com especialistas técnicos para mapeamento de competências, em especial quando tratar-se de negócios com conhecimentos muito especializados.
- Utilização de plataformas tecnológicas que permitam o acesso, a consulta e a atualização das informações relativas à Gestão por Competências, tanto por parte dos profissionais que atuam com Gestão de Pessoas, como gestores e empregados, ainda que com tipos de acesso diferenciados.

- Caso a empresa opte, por uma questão didática ou de priorização, por diferenciar competências técnicas e comportamentais, é importante deixar claro aos envolvidos que se trata de um artifício para facilitar o trabalho.
- Estabeleça critérios sobre como compor o nome da competência e como descrevê-la, inclusive formas de evitar duplicidades, por conta de diferenças de ortografia.
- Utilize alguma ferramenta de banco de dados. A mais simples e acessível é o Excel, que permite a realização de inúmeras análises para evitar duplicidades e inconsistências.
- Utilize especialistas técnicos no processo de identificação das competências, pois quanto maior o envolvimento das áreas de negócio, maior será a apropriação do que foi elaborado.
- Evite que se torne "mais um projeto da área de RH", sem sentido e sem utilidade prática. Envolva as demais áreas da empresa desde o início.
- Atue de forma estratégica junto às áreas de negócio de forma a conhecer as principais necessidades das áreas e apontar os benefícios do projeto.
- Tenha consciência de que se trata de um projeto cuja implementação é complexa, mas que apresenta um grande potencial de contribuição para a organização e para as áreas de negócio.
- Aproveite o momento do mapeamento para construir, em conjunto com os especialistas técnicos, os treinamentos específicos, bem como mapear os conhecimentos críticos que devem ser alvo de atenção por parte da organização.
- Além de identificar as competências e construir Trilhas de Desenvolvimento, é importante que a organização elabore um planejamento para desenvolver os treinamentos identificados e implantá-los.
- Lembre-se da necessidade de possuir um banco de dados ou sistema de gerenciamento de treinamentos em que possam ser feitos o cadastro dos treinamentos mapeados e o acompanhamento do percentual de realização das Trilhas de Desenvolvimento construídas.
- Revisite os principais processos e políticas de Gestão de Pessoas da organização para esclarecer e definir conceitos que serão relevantes na implantação da Gestão por Competências.
- Não utilize competências genéricas que podem ser encontradas ou são aplicáveis a todas as organizações.
- Estude e pesquisa sobre o assunto antes de decidir pela implementação do modelo de Competências na empresa em que atua. Lembre-se de considerar toda a sua abrangência, e não apenas iniciativas isoladas.
- Elabore um planejamento detalhado, ainda que a implantação ocorra de forma faseada, em "ondas".

- Implante um projeto piloto, em uma área parceira, a fim de testar conceitos e corrigir inconsistências.
- Utilize uma consultoria especializada para entender o assunto na prática e busque conversar com profissionais que, de fato, compreendam o assunto e suas implicações.

No planejamento de um projeto de Gestão por Competências, pode-se utilizar a ferramenta do 5W-2H, que é composta por sete itens, que seguem detalhados:

Detalhamento do 5W-2H

1W - What
O que deve ser feito?

2W - Who
Quem é o responsável por fazer?

3W - Why
Por que deve ser feito ou qual o benefício que isto trará?

4W - Where
Onde será feito ou em qual local será feito?

5W - When
Quando deve ser feito ou qual o cronograma a ser seguido?

1H - How
Como será feito ou qual o método utilizado?

2H - How much
Quanto custa para ser feito?

A ferramenta do 5W-2H também pode ser utilizada em várias outras atividades de gestão de pessoas, uma vez que se trata de uma ferramenta de planejamento.

ESTUDO DE CASO

Agora que conhece um pouco melhor a Gestão por Competências, conceitos, técnicas, atividades e impactos, Felipe resolveu fazer um plano de ação para implantar pelo menos um projeto piloto na empresa em que atua. Ele quer, em princípio, identificar por onde começar, pois percebeu que há muito trabalho pela frente.

Por onde começar? De que forma ele deve fazer esse plano de ação?

Apêndice A

Exemplos de Perguntas Comportamentais

- **Competências com foco em atendimento ao cliente:**
    - ✓ Conte-me sobre as diferenças entre a sua técnica de vendas e a dos outros vendedores.
    - ✓ Fale-me sobre como você consegue novos clientes potenciais.
    - ✓ O que fez para que elas fossem levadas a cabo?
    - ✓ Que alterações você tentou instituir nas áreas sob sua responsabilidade?
- **Competências com foco na habilidade de comunicação:**
    - ✓ Como você avalia sua apresentação e como você poderia melhorar?
    - ✓ Como você sabe que está conseguindo se fazer entender?
    - ✓ Quais dos relatórios que você preparou ou prepara atualmente são os mais difíceis, e por quê?
    - ✓ Quais os piores problemas de comunicação que você já enfrentou? Exemplifique.
    - ✓ Que tipos de abordagem você utiliza para falar com pessoas diferentes?
- **Competências com foco na habilidade de influenciar:**
    - ✓ Conte-me alguma de suas melhores ideias que você não conseguiu vender a um superior ou aos colegas, e a que atribui o insucesso?
    - ✓ Fale sobre as suas experiências de "vendas" que o deixaram mais satisfeito.
    - ✓ Fale-me sobre alguma ideia sua já aceita por um superior, e qual foi sua abordagem?
    - ✓ Fale sobre alguma vez que você teve dificuldades para fazer com que as pessoas tivessem a mesma abordagem em relação a um problema.
    - ✓ Como você fez para lidar com isso? Qual foi o resultado?
- **Competências com foco em julgamento e tomada de decisão:**
    - ✓ Descreva como você incluiu os seus subordinados nas tomadas de decisões. Até que ponto?
    - ✓ Em seu trabalho na empresa, qual foi a decisão que você levou mais tempo para tomar?
    - ✓ Por que foi difícil decidir? Fale sobre ela.
- **Competências com foco em liderança:**
    - ✓ Fale sobre o grupo mais difícil com o qual teve que lidar.
    - ✓ Você já teve que aplicar alguma ação corretiva a alguém? Como conduziu a situação?
    - ✓ Você já teve problemas em fazer com que outras pessoas aceitassem suas ideias e objetivos? Qual foi sua abordagem?

- **Competências com foco na habilidade de negociação:**
  - ✓ Relate uma negociação em que você obteve sucesso, e que estratégia utilizou.
  - ✓ Relate uma situação em que teve de mudar ou alterar seu comportamento habitual em função de outra pessoa.
  - ✓ Relate uma situação na qual você teve que lidar com uma forte resistência ou oposição.

Apêndice B

Formulário de Avaliação de Competências

Avaliação de desempenho e aperfeiçoamento de competências (empresa WWA)

A) Dados de identificação

Avaliado	Avaliador
Nome: Data de admissão: Cargo: Tempo no cargo:	Nome: Cargo: Período de avaliação:

B) Revisão de competências (no cargo atual)

Competências (avaliador)	Escala 0 a 3	Plano de desenvolvimento (avaliador e avaliado)	Prazo
Técnicas **Específicas** • •			
Comuns • Finanças • RH • Informática • Produto • Inglês			
Gerenciais • Planej. e organização • Tomada de decisão • Criatividade • Liderança • Trabalho em equipe • Persuasão • *Drive*			

Obs.: 0 - Não se aplica; 1- Competência ainda não desenvolvida; 2 - Tem a competência, mas ainda precisa de um maior desenvolvimento; 3 - Domínio completo da competência (modelo).

(continua)

(*Continuação*)

Avaliação de desempenho e aperfeiçoamento de competências (empresa WWA)

Avaliado

Nome:
Data de admissão:
Cargo:
Tempo no cargo:

Avaliador

Nome:
Cargo:
Período de avaliação:

C) Aspirações profissionais e metas Individuais de desempenho

D) Comentários do avaliado após a avaliação

E) Comentários finais do nível competente

Assinatura: _____   Data: ___/___/___

Apêndice C

Teste Seu Conhecimento – Respostas

Capítulo 1 – Contextualização

1. **O que é "apagão de mão de obra"?**
   É a dificuldade que muitas empresas têm vivenciado de contratar profissionais com os conhecimentos, as habilidades e as atitudes necessários para atuar nas organizações.

2. **Qual das opções a seguir você considera correta?**
   ( ) As pessoas são recursos produtivos, tal qual os demais.
   ( ) As pessoas representam um importante ativo para as organizações e não devem, portanto, receber o mesmo tratamento que um recurso.
   A resposta correta é a segunda. Na era do conhecimento, o capital intelectual ganha importância e não deve mais ser tratado como um mero recurso produtivo como os demais.

3. **Quais são os principais conhecimentos que um profissional que atua em GP precisa ter?**
   Visto ser uma atividade multifuncional, é importante que possua conhecimentos de Administração, Pedagogia e Psicologia, além de uma visão sobre todos os subsistemas de Gestão de Pessoas.

4. **O que é e qual a importância da Matriz FOFA para a Gestão por Competências?**
   Trata-se de um importante instrumento analítico utilizado para a realização do planejamento estratégico. Também é conhecida como Matriz SWOT (*Strengths, Weaknesses, Opportunities* e *Threats*), que ressalta a importância de recolher dados relativos ao ambiente tanto interno (forças e fraquezas) quanto externo (oportunidades e ameaças) da empresa a fim de que a estratégia possa ser planejada considerando um cenário mais amplo. A importância da Matriz FOFA para a Gestão por Competências se dá na medida em que permite uma análise tanto do cenário externo como do interno, incluindo as pessoas que fazem parte do quadro da empresa.

5. **Complete a frase: "A gestão por competências visa a alinhar esforços para que as competências humanas possam gerar e sustentar..."**
   ... as competências organizacionais necessárias à consecução dos objetivos estratégicos da organização (dimensões de curto, médio e longo prazos).

6. **Qual é o ponto de partida para a Gestão por Competências?**
   Pode-se dizer que o ponto de partida é a formulação da estratégia organizacional, a definição de sua missão, visão e objetivos. Em seguida, parte-se para a identificação das competências organizacionais necessárias à consecução dos objetivos estabelecidos.

7. **Defina o que é o processo de planejamento de pessoal.**
   É a identificação e análise das necessidades organizacionais de pessoal e o consequente desenvolvimento de políticas, programas e atividades que satisfaçam essas necessidades, em curto, médio e longo prazos, para assegurar a realização das estratégias do negócio e dos objetivos da organização, permitindo sua continuidade, em especial em condições de mudança.

8. **Para que o planejamento de pessoal possa caminhar lado a lado com o planejamento empresarial, é necessário que sejam feitas análises sobre o quadro de pessoal da empresa. Quais análises seriam essas?**
   Análises quantitativas e qualitativas.

9. **Dê três exemplos de análises qualitativas que a área de Gestão de Pessoas deve promover em relação ao quadro de empregados.**
   Avaliação de desempenho, análise de potencial e avaliação da capacitação profissional.

10. **O que é *turnover*, e qual seu impacto para o planejamento de pessoal?**
    Turnover ou rotatividade de pessoal representa a quantidade de pessoas que entram e saem de uma organização em um determinado tempo. É grande seu impacto no planejamento de pessoal visto que a empresa precisa contar com um quantitativo de pessoas capacitadas para conseguir atingir seus objetivos, e, se a empresa apresenta uma alta rotatividade, muitos podem ser os impactos, como: perda de qualidade no produto ou serviço, clima organizacional comprometido, quantidade de produção aquém do planejado, retrabalho, entre outros.

Capítulo 2 – O Que É Competência

1. **Defina competência.**
   Uma das definições possíveis é dizer que competência é a capacidade de mobilizar um conjunto de recursos cognitivos (saberes, capacidades, informações

etc.) para solucionar adequadamente uma série de problemas. Reflete os conhecimentos, as habilidades e as atitudes que precisam ser colocados em prática para se atingir um determinado objetivo.

2. **Quais são os três principais componentes de uma competência?**
Uma competência é composta pelo CHA: Conhecimentos, Habilidades e Atitudes. Uma competência não é apenas um saber, um conhecimento, nem é apenas uma habilidade, um saber fazer; nem apenas uma atitude, uma vontade de querer fazer.

3. **O que é "conhecimento", "habilidade" e "atitude", e qual a diferença entre esses termos?**
O conhecimento são informações reconhecidas e integradas pela pessoa em sua memória, causando impacto sobre julgamentos ou comportamentos. É a "bagagem" que a pessoa acumulou ao longo da vida, lembranças de conceitos, ideias ou situações. Já a habilidade é a aplicação do conhecimento, a capacidade da pessoa de acionar conhecimentos armazenados na memória e utilizá-los em uma ação. As habilidades podem ser classificadas de várias formas, como intelectuais, quando abrangem processos mentais (organização e reorganização de informações), ou motoras ou manipulativas, quando exigem, fundamentalmente, uma coordenação neuromuscular. A atitude, por sua vez, refere-se a aspectos sociais e afetivos; são sentimentos ou predisposições que orientam a conduta em relação aos outros, a situações e a trabalhos.

4. **É possível mensurar o valor de uma competência para uma organização?**
Sim. King, Fowler e Zeithaml (2002) sugerem quatro aspectos que podem auxiliar a determinar o valor de uma competência como fonte de vantagem competitiva sustentável: o caráter tácito, a robustez, a fixação e o consenso. Ao analisar esses aspectos, é possível obter uma visão da força das competências existentes na empresa e identificar os principais pontos de vulnerabilidade.

5. **O que é o caráter tácito de uma competência?**
O caráter tácito significa até que ponto uma competência representa um conhecimento, uma habilidade ou atitude que resiste à codificação e à divulgação. As competências tácitas baseiam-se em conhecimentos mais intuitivos, de mais difícil transmissão, e são importantes para a vantagem competitiva porque são específicas em relação ao contexto, sendo mais difíceis de ser imitadas pelos concorrentes.

6. **O que seria o consenso, quando abordamos o valor de uma competência?**
   O consenso reflete o entendimento compartilhado ou as percepções comuns dentro de um grupo, ou seja, é quando existe um compartilhamento de opinião sobre a vantagem competitiva da empresa, no que diz respeito ao conhecimento e às qualificações relevantes.

7. **Podemos relacionar o *turnover*, ou rotatividade de pessoal, ao valor de uma competência?**
   Sim. Devido à mobilidade dos empregados, ou seja, ao fato de que eles podem optar pelas organizações em que querem trabalhar e por quanto tempo, as competências ligadas ao seu conhecimento e às suas habilidades e atitudes são mais móveis, podendo, inclusive, desaparecer com o desligamento desses empregados. Já as competências vinculadas à missão, à cultura e aos valores empresariais são mais fixas. É importante que as competências vinculadas aos funcionários sejam registradas, codificadas e disseminadas.

8. **O que é cultura organizacional?**
   A cultura organizacional é o conjunto de pressupostos básicos inventados, descobertos ou desenvolvidos por um determinado grupo ao aprender a lidar com problemas de adaptação externa e de integração interna que funcionaram de maneira adequada e que foram ensinados aos novos membros como a forma correta de perceber, pensar e se comportar diante desses problemas. É o conjunto de normas, regras, valores e atitudes, que pode ter sido desenvolvido pelo fundador da organização, dando a esta um modo particular de ser, com características próprias que a distinguem das demais e que são passadas aos novos membros como a forma correta de se pensar e agir, determinando o que deve ser seguido e o que deve ser evitado.

9. **Você consegue identificar algum artefato, valor compartilhado ou pressuposição básica da cultura da organização em que atua? Qual(is)?**
   Resposta livre.

10. **É possível classificar as competências quanto à sua relevância ao longo do tempo? De que forma?**
    Sim. Conforme proposto por Sparrow & Bognanno (1993), as competências podem ser classificadas como emergentes (o grau de importância tende

a crescer no futuro), declinantes (o grau de importância tende a diminuir no futuro), estáveis (permanecem relevantes ao longo do tempo) e transitórias (são importantes em momentos críticos).

Capítulo 3 — Competências Organizacionais: básicas e essenciais

1. **Como as competências organizacionais podem ser classificadas?**
   Em básicas e essenciais.

2. **De forma geral, como podemos diferenciar os tipos de competência organizacional?**
   As competências básicas representam as condições necessárias, mas não suficientes, para que uma empresa possa alcançar liderança e diferenciação no mercado.
   As competências essenciais, por outro lado, são aquelas que têm valor percebido pelos clientes, aumentam a capacidade de expansão e contribuem para a diferenciação em relação à concorrência.
   Enquanto as primeiras representam as condições mínimas necessárias para a existência da empresa, as últimas representam os diferenciais competitivos em relação à concorrência.

3. **Prahalad e Hammel (1995) relacionam três critérios principais para definir uma competência essencial: capacidade de expansão, diferenciação entre concorrentes e valor percebido pelo cliente. Explique cada um desses critérios.**
   - Capacidade de expansão: as competências essenciais representam a porta de entrada para mercados potenciais e devem gerar novas oportunidades de produtos e serviços.
   - Diferenciação entre concorrentes: a competência essencial deve ser única, distintiva e de difícil imitação no curto prazo.
   - Valor percebido pelo cliente: deve ter seu valor percebido pelo cliente, consistindo em um diferencial.

4. **Quais são os três testes propostos por Prahalad para identificar se uma competência essencial realmente o é?**
   O primeiro é saber se é um conjunto único de habilidades que inclui um componente tecnológico e um componente de aprendizagem e se esse conjunto está presente nas múltiplas unidades de negócios. O segundo é verificar

se outras empresas têm dificuldade em imitar aquilo. O terceiro é descobrir se pode ser utilizado em novas oportunidades de negócios.

5. **Qual a importância da missão da organização na definição das competências organizacionais?**
A missão é a razão de existir de uma organização e a delimitação das atividades dentro do espaço que ela deseja ocupar em relação às oportunidades de negócios. É a missão que define o propósito fundamental que guia a organização para identificar seus produtos e/ou serviços, assim como seus clientes. Define, de forma geral, onde a organização vai atuar e qual será o seu foco principal. Ao estabelecer uma missão, a empresa deve considerar o motivo principal que deu origem a sua criação, de modo que, com o passar do tempo, ela continue fiel ao que a gerou. A missão é fundamental para identificar as competências de que a organização precisará para atingir seus objetivos.

6. **O que é a visão de uma organização?**
A visão representa uma situação futura desejada, uma meta, vislumbra uma realidade futura, uma imagem que deve ser compartilhada por todos, de onde se pretende chegar. A visão relaciona-se com os objetivos de longo prazo da organização.

7. **O que são valores organizacionais?**
São ideias fundamentais em torno das quais a organização foi construída, representando as convicções dominantes, as crenças básicas. São elementos motivadores que direcionam as ações das pessoas na organização, contribuindo para a unidade e a coerência do trabalho. Sinalizam o que se persegue, em termos de padrão de comportamento de toda a equipe, na busca da excelência.

8. **Escolha uma empresa que você admira, gosta ou queira trabalhar. Verifique se ela divulga informações sobre sua missão, visão e valores organizacionais. Após leitura desses itens, você continua gostando, admirando ou querendo trabalhar ali?**
Resposta livre.

9. **Considerando o que foi discutido nesse capítulo, quais são as competências essenciais da organização em que você atua?**
Resposta livre.

Teste Seu Conhecimento – Respostas **189**

10. **Ao conversar com um amigo e perguntar quais são as competências essenciais da empresa em que atua, ele responde: sistemas de informação, ou seja, um sofisticado banco de dados informatizado que permite que a empresa acompanhe os perfis dos clientes, comparando-os com a oferta de produtos ao redor do mundo. Após ler esse capítulo, qual comentário você faria ao seu amigo?**
Primeiramente você questionaria a quantidade de competências essenciais, visto que apenas uma parece ser muito pouco. Além disso, indagaria se a competência citada possui capacidade de expansão, permite diferenciação entre concorrentes e se possui valor percebido pelo cliente, consistindo em um diferencial.

Capítulo 4 – Competências Humanas e de Gestão e Liderança

1. **O que é uma competência humana?**
Representa uma característica fundamental de um indivíduo, diretamente relacionada a um critério de eficácia ou *performance* superior num trabalho ou situação. Deve incluir a capacidade de aplicar habilidades, conhecimentos e comportamentos a novas situações e a mudanças na organização do trabalho, em vez de refletir apenas as tarefas desempenhadas no momento atual, ou seja, o cargo ocupado pelo profissional.

2. **Por que as competências humanas devem ser específicas para cada organização, área de conhecimento, processo ou cargo?**
A missão, a visão e os valores das organizações são diferentes, assim como as atividades desempenhadas pelos ocupantes dos cargos podem variar considerando o segmento de atuação e também o porte da empresa. Assim, não existe uma "receita de bolo" que possa ser aplicada às organizações de forma universal.

3. **Cite dois exemplos de competências gerais segundo Dutra (2004).**
Alguns dos exemplos possíveis são:
   - Orientação para resultados: atuação independente, ou envolvendo outras pessoas, voltada para os resultados e a rentabilidade da empresa. O indivíduo atua com determinação e foco, obtendo e/ou superando de forma consistente e com qualidade os desafios assumidos;
   - Direcionamento estratégico: visão global e de futuro, que permite à pessoa identificar riscos e oportunidades capazes de causar impacto na

empresa. A partir dessa visão, estrutura e coordena a implementação de planos que viabilizem os objetivos estratégicos da empresa;
- Liderança de equipes: o líder obtém comprometimento e desempenho máximo das pessoas e é considerado um bom exemplo a ser seguido. Delega a seus liderados, com precisão e limites adequados para que eles alcancem os objetivos;
- Agente de mudança: influencia e lidera processos de mudança e transformação organizacional. Identifica e/ou antecipa as necessidades de mudança nos clientes ou nos processos da empresa. Dinamiza os negócios, reforçando a imagem de uma empresa de vanguarda;
- Orientação para o mercado: domina as variáveis de mercado — clientes, fornecedores, concorrentes, fatores de regulamentação e fatores políticos e estratégicos — para obter vantagens competitivas nos negócios.

4. **Em sua opinião, faz sentido, considerando o conceito de competência, diferenciá-las em técnicas e comportamentais?**
Não, em termos práticos não faz sentido. Ainda que se queira dar foco a aspectos técnicos ou comportamentais da competência, não se pode falar de competência sem considerar tanto os conhecimentos como as habilidades e as atitudes necessários ao desempenho em um dado cargo ou espaço ocupacional.

5. **Dê exemplos de competências humanas com base no que vimos nesse capítulo.**
Elaboração de Orçamento, Gestão de Projetos, Execução de Manutenção Preventiva e Operação de Ponte Rolante são exemplos possíveis.

6. **Descreva duas das competências que citou considerando a metodologia do "O quê", "Como" e "Para quê".**
Resposta livre.
Exemplo: Elaboração de Orçamentos — Elaborar orçamentos, utilizando metodologias e *softwares* específicos, para proporcionar adequado provisionamento e controle dos recursos da área.

7. **Cite e explique dois verbos que devem ser evitados na descrição de uma competência.**
Dois dos verbos a seguir devem ser escolhidos e explicados. Conhecer, saber, agregar valor, alinhar, ser, entender, ensinar, mostrar, observar, obter, poder, ter, ver, por exemplo, devem ser evitados, visto que não expressam tangibilidade.

8. **Qual a diferença entre líder e gestor? Você consegue perceber, na prática, essa diferença?**
   Líder é aquele que sabe direcionar as pessoas, que estimula o potencial dos colaboradores. É aquele que conhece a motivação humana e sabe conduzir as pessoas. Posições gerenciais estão ligadas ao posicionamento em um nível com certo grau de autoridade na estrutura de uma dada organização, o que significa que uma pessoa pode assumir o papel de gestor por conta do cargo que ocupa, o que não garante que seja capaz de liderar sua equipe com êxito.

9. **Qual sua opinião sobre a frase: As competências de liderança aportam fatores fortemente relacionados com a atitude, e pouco se alteram, independentemente do segmento organizacional.**
   Resposta livre. Independentemente do segmento de atuação do líder, seja hospitalar, siderúrgica, logística ou educacional, a necessidade, por exemplo, de ter empatia, iniciativa e capacidade para gerenciar conflitos é uma competência desejável para um gestor.

10. **As competências gerenciais são específicas da empresa. Você concorda com essa afirmação?**
    Sim, as competências organizacionais estão atreladas a conhecimentos e habilidades demandados pela estrutura organizacional, processos, diretrizes e metas a serem atingidas por meio da ação gerencial. Cada instituição requer um conjunto específico de competências gerenciais, o que implica o desenvolvimento por competências customizado, elaborado a partir de um diagnóstico da situação organizacional e do próprio significado do trabalho.

Capítulo 5 – O Processo de Mapeamento de Competências

1. **Explique a abordagem de identificação de competências voltada para os incidentes críticos.**
   A abordagem do incidente crítico consiste na identificação de características pessoais críticas, comportamentos e qualificações, que distinguem um profissional de alta *performance* de um outro com desempenho apenas mediano. As competências são identificadas por meio da análise de um profissional com alto potencial. A partir dessa análise são identificadas as competências necessárias para o desenvolvimento de uma determinada função.

2. **Quando o mapeamento por competências via análise documental é indicado?**
Costuma ser realizado como uma primeira etapa, antes dos outros tipos de mapeamento. É muito importante principalmente quando o foco são as competências essenciais. Aconselhamos que sempre a análise documental seja complementada por outra técnica.

3. **Quais são os principais documentos que devem ser analisados no mapeamento de competências via análise documental?**
É importante analisar documentos relativos à estratégia organizacional, principalmente quando o foco são as competências organizacionais. É importante considerar: missão, visão de futuro, objetivos e valores da empresa, bem como analisar as informações disponibilizadas tanto na intranet como na internet (*site* corporativo).

4. **Uma empresa pretende realizar o mapeamento de competências por via documental apenas. Qual a sua opinião sobre isso?**
É muito importante consultar os documentos da empresa. Contudo, outras técnicas devem ser utilizadas em conjunto, como, por exemplo: observação, entrevista, grupos focais e questionário.

5. **Qual a principal desvantagem da utilização de uma escala Likert com uma quantidade ímpar de itens?**
O principal problema é o efeito tendência central, ou seja, a tendência de as pessoas assinalarem a alternativa "média", como forma de "fugir" da avaliação.

6. **Quando o questionário deve ser utilizado como instrumento principal de coleta de informações?**
A escolha da utilização do questionário para fins de mapeamento deve considerar uma série de fatores, tais como: escolaridade dos respondentes, recursos disponíveis para a realização do mapeamento, dispersão geográfica dos respondentes, maturidade dos respondentes para dedicarem tempo e reflexão para o preenchimento do instrumento de coleta de dados, entre outros. Contudo, nossa sugestão é que o questionário sempre seja complementado pela realização de entrevistas ou grupos focais.

7. **Quando é indicado realizar o mapeamento de competências via realização de entrevistas em grupo ou grupos focais?**
A técnica de entrevista em grupo ou grupos focais é indicada sempre que os conhecimentos forem muito técnicos, específicos e especializados, houver

diferença de padrões e comportamentos entre os empregados localizados em plantas de geografias diferentes e também para aumentar o nível de adesão e apropriação do trabalho de mapeamento.

8. **Qual a importância de haver um plano de comunicação quando a organização optar por realizar o mapeamento de competências?**
   O Plano de Comunicação visa planejar como os principais *stakeholders* terão conhecimento sobre um determinado assunto ou projeto. É importante porque, além de disseminar conhecimento relevante, aumenta o engajamento e compartilha responsabilidades. O Plano de Comunicação deve considerar a necessidade de haver parceria com os gestores das áreas que serão mapeadas. É preciso conquistar patrocinadores em cada área de negócio, que incentivarão a colaboração dos demais profissionais e reforçarão a importância do projeto.

9. **É importante haver um padrão na redação das competências e em sua descrição?**
   Sim, pois haverá um catálogo de competências, que precisa ser padronizado a fim de evitar duplicidades e inconsistências, bem como proporcionar um melhor entendimento de todos.

10. **Podemos dizer que matemática financeira é uma competência?**
    Matemática financeira é um conhecimento, não uma competência. A competência é aquilo que o profissional precisa ser capaz de fazer com esse conhecimento, que pode ser: Elaboração de Orçamento, Análise Econômico-Financeira de Projetos, entre outros.

Capítulo 6 – Gestão de Pessoas por Competências

1. **Para fins de seleção, qual sua opinião sobre a categorização das competências em competências técnicas e comportamentais?**
   Trata-se de uma divisão didática, contudo seria preferível, para evitar interpretações errôneas, continuar com o foco na competência e fazer a distinção entre aspectos comportamentais (atitudes) e técnicos (conhecimentos e habilidades).

2. **O que é entrevista comportamental?**
   É uma técnica de investigação cujo objetivo é identificar, no perfil dos candidatos, comportamentos específicos que são pré-requisitos para ocupar de forma adequada a vaga que está em aberto.

3. O que é a avaliação de desempenho por competências ou a avaliação por competências?

É quando a avaliação de desempenho é feita com base nas competências necessárias para o atingimento dos objetivos organizacionais. Além do desempenho atual, o foco passa a ser também o desempenho futuro, o potencial que a pessoa terá que desenvolver.

4. Para que servem as avaliações por competência?

Servem para minimizar lacunas de competências, orientando e estimulando os profissionais a eliminar as discrepâncias entre o que eles são capazes de fazer (competências atuais) e o que a organização espera que eles façam (competências desejadas).

5. Qual a diferença entre desempenho e potencial?

O desempenho foca o comportamento real da pessoa diante de uma expectativa ou um padrão de comportamento estabelecido. É o conjunto de entregas e resultados de determinada pessoa para a empresa ou o negócio. Enfoca o passado ou o presente, enquanto o potencial trata do futuro, do vir a ser.

6. Como podem ser identificadas necessidades de desenvolvimento dos colaboradores de uma determinada organização?

Pode ser via avaliação de competências, quando são identificados eventuais *gaps* de desempenho, ou então via construção de uma trilha de desenvolvimento por cargo ou processo, que indica as capacitações necessárias ao aperfeiçoamento das competências identificadas como relevantes para uma determinada organização.

7. O que é e qual a principal vantagem da elaboração de Trilhas de Desenvolvimento por cargo?

As Trilhas de Desenvolvimento representam as necessidades de formação por cargo, apresentando, como principal vantagem a possibilidade de visualização do tempo e dos treinamentos que devem ser realizados antes e durante a estadia de uma pessoa em uma dada função.

8. Qual dos tipos de itinerário apresentados seria mais adequado à organização em que você atua? Por quê?

Resposta livre.

9. A empresa em que você atua possui uma Universidade Corporativa estruturada? Quais suas principais atividades e responsabilidades?
Resposta livre.

10. Qual a relação entre as Universidades Corporativas e a Gestão por Competências?
É importante que as Universidades Corporativas tenham uma vinculação com a Gestão por Competências, visando desenvolver as competências necessárias para o atingimento da estratégia empresarial.

Capítulo 7 — Gestão por Competências e Gestão do Conhecimento

1. O que é a Gestão do Conhecimento?
É um conjunto de ações e políticas que visam salvaguardar o patrimônio do conhecimento corporativo, ou seja, o conjunto de informações, experiências, aprendizado, tecnologias e processos de uma corporação, sejam eles administrativos, comerciais ou produtivos.

2. Você acha a gestão do conhecimento importante? Por quê?
Sim, visto que nas organizações o conhecimento está disperso em documentos, repositórios, rotinas, sistemas, processos, pessoas, práticas, normas e na própria cultura organizacional. O conhecimento é algo vivo e dinâmico que possui um componente tácito, difícil de expressar, de formalizar. Uma vez que muito do conhecimento de uma organização se encontra nas pessoas, se não houver a gestão desse conhecimento poderá haver a perda da memória organizacional em casos de desligamentos e aposentadorias.

3. O que é conhecimento tático?
O conhecimento tácito é difícil de ser visto e descrito. É altamente pessoal e de difícil formalização, o que dificulta sua transmissão e compartilhamento. Encontra-se enraizado nas ações e experiências de um indivíduo, bem como em suas emoções, valores ou ideais.

4. O que é conhecimento explícito?
É aquele encontrado na organização de forma mais estruturada, palpável e descritiva. Pode ser mais facilmente "processado" em computador, transmitido como uma informação organizada, documentado, armazenado em um banco de dados, implementado em uma tecnologia, uma política organizacional, entre outros.

5. **Identifique e explique uma forma como as pessoas compartilham conhecimentos tácitos umas com as outras.**
As pessoas aprendem por meio da socialização, sem que, necessariamente, os conhecimentos precisem ser explicitados. Ao trabalharmos com alguém no dia a dia, por exemplo, temos a sensação de aprendermos muito com ele, sem que ele jamais tenha explicado de modo estruturado aquilo que ele conhece. Nesses casos, aprendemos por meio da observação, da imitação, da prática conjunta (muitas organizações consideram esse tipo de transferência do conhecimento como aprendizado no posto de trabalho, ou *on the job*).

6. **Quando ocorre a transformação de conhecimentos tácitos em conhecimentos explícitos? Cite um exemplo.**
Ocorre quando é possível expressar, formalizar o conhecimento tácito que se tem sobre como realizar algum trabalho ou atividade, possibilitando o seu compartilhamento com os demais. Alguns exemplos desse tipo de externalização são: uma cozinheira que sabe cozinhar e resolve reproduzir, em vídeos, sua forma de preparar os alimentos; um gerente de marketing que constrói um banco de dados com informações sobre o perfil de comportamento de seus clientes, com base na experiência adquirida; um profissional de gestão de projetos que documenta as lições aprendidas e registra as melhores práticas de forma a que as informações possam ser utilizadas por outros.

7. **Explique o ciclo de Gestão do Conhecimento.**
O ciclo de Gestão do Conhecimento pode ser representado por quatro verbos: captar, organizar, disseminar e gerar.
 A captação é um processo ativo de busca e captura dos conhecimentos internos (quem sabe o quê) e a identificação dos conhecimentos que a organização não possui para captá-los externamente de diversas formas, como via aquisição, parceria ou desenvolvimento de relacionamento. A organização do conhecimento se refere à sua retenção por meio da utilização de ferramentas de suporte adequadas e acesso ao conhecimento disponível na instituição. O compartilhamento do conhecimento está relacionado com o desenvolvimento de atividades, processos e ferramentas de compartilhamento e transferência, bem como com a construção de um ambiente, cultura e sistemas de incentivo ao compartilhamento. Já a geração de novos conhecimentos está ligada à forma como os conhecimentos são combinados, formando novos conhecimentos.

8. **A empresa em que você atua apresenta alguma iniciativa voltada para o ciclo de Gestão do Conhecimento explicado na questão anterior? Qual?**
Resposta livre.

9. **Indique alguns critérios que podem ser utilizados para a identificação e caracterização do conhecimento tácito (crítico):**
É um conhecimento diretamente relacionado com um posto de trabalho ou função, e a ausência desse conhecimento traz risco iminente para a atividade, com impacto direto na qualidade, custo, produtividade ou segurança da cadeia produtiva. A obtenção desse tipo de conhecimento e das habilidades específicas inerentes requer do profissional uma qualificação diferenciada formal ou experiência *on the job* (prática) e atitude na busca desse conhecimento, cujo aprendizado é de difícil absorção, implicando a dificuldade de reposição do ocupante no posto de trabalho ou função.

10. **A empresa em que você atua possui alguma iniciativa de identificação de conhecimentos tácitos (críticos)? Qual?**
Resposta livre.

Bibliografia

BAHRY, C. P.; BRANDÃO, H. P. Gestão por competências: métodos e técnicas para mapeamento de competências. **Revista do Serviço Público**. Brasília 56 (2): 179-194 abr./jun. 2005. 179. Disponível em: <http://www.enap.gov.br/index.php?option=com_docman&task=doc_view&gid=2567>. Acesso em: 07 out. 2014.

BERGAMINI, C. W.; BERALDO, D. G. R. **Avaliação de desempenho humano na empresa**. 4. ed. São Paulo: Atlas, 2007.

BITENCOURT, C. C. A gestão de competências gerenciais e a contribuição da aprendizagem organizacional. **Revista de Administração de Empresas**, v. 44, n. 1, jan./mar. 2004.

BLOOM, B. S. et al. **Taxonomia de objetivos educacionais**: domínio cognitivo. Porto Alegre: Globo, 1979.

BORGES-ANDRADE, J. E.; LIMA, S. V. Avaliação de necessidades de treinamento: um método de análise de papel ocupacional. **Tecnologia educacional**, v. 12, n. 54, Cap. 12, p. 231-254, 1983.

BOYATZIS, R.; GOLEMAN, D.; McKEE, A. **Os novos líderes**. Rio de Janeiro: Gradiva, 2002.

BRANDÃO, H. P. **Mapeamento de competências** – métodos, técnicas e aplicações em Gestão de Pessoas. São Paulo: Atlas, 2012.

_____. **Gestão baseada em competências**: um estudo sobre competências profissionais na indústria bancária. Dissertação (Mestrado em Administração) – Universidade de Brasília, Brasília, 1999.

_____; GUIMARÃES, T. de A. Gestão de Competências e Gestão de Desempenho: tecnologias distintas ou instrumentos de um mesmo constructo? **Revista de Administração de Empresas**, São Paulo, v. 41, n. 1, p. 8-15, jan./mar. 2001.

_____; _____; BORGES-ANDRADE, J. E. Competências emergentes na indústria bancária: um estudo de caso. **Revista Comportamento Organizacional e Gestão**, Lisboa, v. 8, n. 2, p. 173-190, out. 2002.

_____. Competências profissionais relevantes à qualidade no atendimento bancário. **Revista de Administração Pública**, Rio de Janeiro, v. 35, n. 6, p. 61-81, nov./dez. 2001.

BRUNO-FARIA, M. de F.; BRANDÃO, H. P. Competências relevantes a profissionais da área de T&D de uma organização pública do Distrito Federal. **RAC**, v. 7, n. 3, jul./set. 2003. Disponível em: <http://www.scielo.br/pdf/rac/v7n3/v7n3a03>. Acesso em: 20 jul. 2014.

CARBONE, P. P.; BRANDÃO, H. P.; LEITE, J. B. D. & VILHENA, R. M. P. **Gestão por competências e gestão do conhecimento**. 2. ed. Rio de Janeiro: Editora FGV, 2006.

CARDOSO, L. R. **Remuneração por habilidades e competências:** um estudo de práticas em empresas brasileiras. Tese (Mestrado em Administração) – Faculdade de Economia, Administração e Contabilidade, Universidade de São Paulo, São Paulo, 2002.

CHERMAN, A. Gestão do conhecimento. In: RAMAL, A. **Educação corporativa** – fundamentos e gestão. Rio de Janeiro: LTC, 2012. p. 58-89.

COCKERILL, T. The king of competence for rapid change. In MABEY, C. & ILES, P. (Org.). **Managing learning**. London: Routledge, 1994. p. 70-76.

DAVENPORT, T. H. & PRUSAK, L. **Conhecimento empresarial**. Rio de Janeiro: Campus, 1998.

DAVIS, S.; BOTKIN, J. The coming of knowledge-based business. **Harvard Business Review**, Boston, p. 165-170, Sept./Oct. 1994.

DELORS, J. (Coord.). **Educação, um tesouro a descobrir**: Relatório para a Unesco da Comissão Internacional sobre Educação para o século XX. Disponível em: <http://www.dhnet.org.br/dados/relatorios/a_pdf/r_unesco_educ_tesouro_descobrir.pdf>. Acesso em: 20 jul. 2014.

DUTRA, J. S. **Competências**: conceitos e instrumentos para a gestão de pessoas na empresa moderna. São Paulo: Atlas, 2004.

_____. **Gestão por competências**: um modelo avançado para o gerenciamento de pessoas. São Paulo: Gente, 2001.

_____ et al. (Org.). **Competências**: conceitos, métodos e experiências. São Paulo: Atlas, 2008.

FAHEY, L. & PRUSAK, L. The eleven deadliest sins of knowledge management. **California Management Review**, v. 40, n. 3, 1998.

FERNANDES, B. H. R.; FLEURY, M. T. L. & MILLS, J. Construindo o diálogo entre competência, recursos e desempenho organizacional. **Revista de Administração de Empresas**, v. 46, n. 4, oct./dez. 2006.

FERREIRA, P. I. **Atração e seleção de talentos**. Rio de Janeiro: LTC, 2014.

_____. **Clima organizacional e qualidade de vida no trabalho**. Rio de Janeiro: LTC, 2013.

_____. Gestão por competências. In: RAMAL, A. **Educação corporativa** – fundamentos e gestão. Rio de Janeiro: LTC, 2012. p. 34-57.

FLANNERY, T. P. et al. **Pessoas, desempenho e salários**: as mudanças na forma de remuneração nas empresas. São Paulo: Futura, 1997.

FLEURY, A.; FLEURY, M. T. L. Construindo o conceito de competência. **Revista de Administração Contemporânea**, v. 5, p. 183-196, 2001.

_____. **Estratégias empresariais e formação de competências**: um quebra-cabeças caleidoscópico da indústria brasileira. São Paulo: Atlas, 2000.

FLEURY, M. T. L. (Org.). **As pessoas na organização**. São Paulo: Gente, 2002.

GRAMIGNA, M. R. **Modelo de competências e gestão dos talentos**. São Paulo: Makron Books, 2007.

GREEN, P. **Desenvolvendo competências consistentes**. Trad. Bazán Tecnologia e Linguística Ana Paula Andrade. Rio de Janeiro: Qualitymark, 1999.

HAMEL, G.; PRAHALAD, C. K. The core competence of the corporation. **Harvard Business Review – Business Classics:** Fifteen Key Concepts for Managerial Success. U.S.A. 1998, p. 62-73.

_____. **Competindo pelo futuro**. Rio de Janeiro: Campus, 1995.

KING, A. W.; FOWLER, S. W. & ZEITHAML, C. P. Competências organizacionais e vantagem competitiva: o desafio da Gerência Intermediária. **Revista de Administração de Empresas**, jan./mar. 2002, São Paulo, v. 42, n. 1, p. 36-49.

LAWLER III, E. E. Strategic Pay: aligning organizational strategies and pay systems. San Francisco: Jossey-Bass Publishers, 1990. p 295. In: CARDOSO, L.R. **Remuneração por habilidades e competências**: um estudo de práticas em empresas brasileiras. Tese (Mestrado em Administração) – Faculdade de Economia, Administração e Contabilidade, Universidade de São Paulo, São Paulo, 2002.

LEME, R. **Seleção e entrevista por competências com o inventário comportamental**: guia prático do processo seletivo para redução da subjetividade e eficácia na seleção. Rio de Janeiro: Qualitymark, 2007.

LEONARD-BARTON, D. Core capabilities and core rigidities: a paradox in managing new product development. **Strategic Management Journal**, v. 13, p. 111-125, 1992.

LUCENA, M. D. **Planejamento estratégico e gestão de desempenho para resultados**. São Paulo: Atlas, 2004.

MARRAS, J. P. **Administração da remuneração**: remuneração tradicional e estratégica. São Paulo: Pioneira Thomson Learning, 2002.

MEISTER, J. C. **Educação corporativa**: a gestão do capital intelectual através das Universidades Corporativas. São Paulo: Makron Books, 1999.

MINTZBERG, H. The manager's job: folklore and fact. **Harvard Business Review**, p.163-176, Mar./Apr. 1990.

_____. **The nature of managerial work**. New York: Harper & Row Publishers, Inc., 1973.

NISEMBAUM, H. **A competência essencial**. São Paulo: Infinito, 2000.

NONAKA, I. A empresa criadora de conhecimento. In: Harvard Business Review (coletânea). **Gestão do conhecimento**. p. 27-49, Rio de Janeiro: Campus, 2000.

_____ & TAKEUSHI, H. **A empresa criadora de conhecimento**: como empresas japonesas geram a dinâmica da inovação. Rio de Janeiro: Campus, 1997.

PERRENOUD, P. **Dez novas competências para uma nova profissão**. Faculdade de Psicologia e Ciências da Educação, Universidade de Genebra, Suíça, 2001. Disponível em: <http://www.unige.ch/fapse/SSE/teachers/perrenoud/php_main/php_2001/2001_23.html>. Acesso em: 10 jun. 2014.

PRAHALAD, C. K. **Em busca do novo**. Trad. Cecília Assumpção; Marina Poggi; Ângela Noronha; Paulo Roberto de Moura Lopes. Entrevista exclusiva à revista **HSM Management**, março-abril, 1998, p. 06-12.

QUEIROZ, T. M. V. S. M.; CÂMARA, M. A. Gestão por competências e gestão do conhecimento: suas características e a área de Recursos Humanos. **Perspectivas em políticas públicas**. Belo Horizonte, v. IV, n. 8, p. 111-126. Jul./dez. 2011. Disponível em: < http://revistappp.uemg.br/pdf/ppp8/Gest_PPP8.pdf>. Acesso em: 02 out. 2014.

RABAGLIO, M. O. **Gestão por competência**: ferramentas para atração e captação de talentos humanos. Rio de Janeiro: Qualitymark, 2008.

RESENDE, Ê. Remuneração por competências e habilidades. In: BOOG, G.; BOOG, M. (Coord.). **Manual de gestão de pessoas e equipes**: operações, volume 2. São Paulo: Gente, 2002.

RUAS, R.; ANTONELLO, C.; BOFF, L.H. **Aprendizagem organizacional e competências**. Porto Alegre: Bookman, 2005.

_____.; GHEDINE, T.; DUTRA, J.; BECKER, G. V.; DIAS, G. B. **O conceito de competência de A a Z** – Análise e revisão das principais publicações nacionais entre 2000 e 2004. Disponível em: <www.scielo.br/pdf/epsic/v12n2/a07v12n2.pdf>. Acesso em: 20 jul. 2014.

SANTOS, A. C. O uso do método Delphi na criação de um modelo de competências. **Revista de Administração – RAUSP**, v. 36, n. 2, p. 25-32, 2001.

SCHEIN, E. H. **Guia de sobrevivência da cultura corporativa**. Rio de Janeiro: José Olympio, 2001.

_____. **Organizational culture and leadership**. 2. ed. San Francisco: Jossey-Bass, 1992.

SPARROW, P.; BOGNANNO, M. Competency requirement forecasting: Issues for international selection and assessment. **International Journal of Selection and Assessment**, v.1, p. 50-58, 1993.

VIANNA, Y. et al. **Design thinking**: inovação em negócios. Rio de Janeiro: MJV Press, 2012.

WHIDDETT, S.; HOLLYFORDE, S. **The competencies handbook**. London: Institute of Personnel and Development, 1999.

WOOD, T. J.; PICARELLI, V. F. **Remuneração estratégica**: a nova vantagem competitiva. São Paulo: Atlas, 2004.

_____. **Remuneração por habilidades e por competências**: preparando a organização para a era de conhecimento intensivo. São Paulo: Atlas, 2004.

ZARAFIAN, P. **Objetivo competência**: por uma nova lógica. São Paulo: Atlas, 2001.

Índice

A

Abordagem
   análise de tarefas, 67
   incidente crítico, 67
   situacional, 68
Abrangência, 134
Ação, 98, 99
Agente de mudanças, 48
Alternativas criativas de recompensa, 139
Ameaças, 7
Análise
   da dinâmica dos mercados, 81
   de cenários, 54
   documental, 68
   e gestão de riscos do projeto e
     empreendimento, 81
   econômico-financeira, 82
   FOFA, 6
   SWOT cruzada, 7
Andragogia, 125
Apagão de mão de obra, 3
Aplicação do programa de auditoria, 54
Aprender
   a conhecer, 126
   a fazer, 126
   a ser, 126
   a viver juntos, 126
Aprendizagem, 110
Áreas de atuação, 74
Artefatos, 25
Atitudes, 46
Atuação, 134
   sistêmica, 58
Autonomia, 134
Avaliação
   180 graus, 102
   360 graus, 102
   de desempenho, 101
   de potencial, 106, 110

B

Banco de competências, 159
Banco do Brasil, 33-35
Benchmarking, 158
Bloqueadores de vaga, 133

C

Capacidade de expansão, 32
Capacitação, 110
Captação do conhecimento, 151
Caráter tácito, 23
Cargo, 129
Carreira, 131, 136
Catálogo de competências, 86
Ciclo da gestão do conhecimento, 150
Colaboração irrestrita, 49
Comissão de avaliação, 102

Compartilhamento do conhecimento, 151, 155
Competência(s), 3
   básicas, 26
   catálogo de, 86
   de gestão e de liderança, 55
   declinantes, 26
   definição, 19, 21
   do cargo analista administrativo, 83
   do processo finanças corporativas, 82
   emergentes, 26
   essenciais, 26, 32
   estáveis, 26
   humanas ou individuais, 45, 46
   profissionais, 47
   transitórias, 26
   valor de uma, 22
Comunicação, 37, 49
Conhecimento, 46, 149
   explícito, 23, 152
   tácito, 23, 152
Consenso, 23
Consequência, 98, 99
Contratação de operações financeiras, 82
Controle de operações financeiras, 82
Criticidade de conhecimentos, 157
Cronograma, 73
Cultura organizacional, 8

D

Definição de perfis, 110
Desenvolvimento de novos negócios, 54
Design
   instrucional, 161
   thinking, 8
Diagnóstico de necessidades de
   capacitação, 127, 128
Diferenciação entre concorrentes, 32
Direcionamento estratégico, 48

E

Educação corporativa, 110, 123, 124, 159
Educadores internos, 160
Elaboração de orçamentos, 51
Empregabilidade, 132
Entrevistas, 72
Escala Likert, 69, 70
Escopo, 134
Espaço ocupacional, 132
Estratégia, 5
   empresarial e gestão por competências, 10
Estruturação de fusões e aquisições, 82
Evidências-chave, 104

F

Ferramenta do 5W-2H, 170, 171
Fixação, 24
Forças, 7

Formação do banco de talentos, 110
Fraquezas, 7
Função, 129

G
Geração, 131
Gerdau, 33-35
Gerenciamento de processos, 60
Gestão
    da mudança, 54, 59
    de inovação, 59
    de pessoas, 4
    de projetos, 61
    de propriedade intelectual, 81
    de saúde e segurança, 61
    do conhecimento, 4, 149, 162
    do desempenho, 110
    e remuneração por competências, 162
    orçamentária, 61
    por competências, 3, 4, 9, 162
Gestor, 56
Grupos focais, 72

H
Habilidades, 46
HR business partner (BP), 75

I
Inovação aberta, 151
Inteligência competitiva, 158

K
Knowledge Management (KM), 149

L
Levantamento de Necessidades de Treinamento (LNT), 111
Líder, 55, 56
Liderança, 57
    de equipes, 48
    e desenvolvimento de pessoas, 59

M
Mapa de desenvolvimento, 112
Mapeamento
    de competência, 112
    do conhecimento, 158
        e páginas amarelas, 159
    preliminar dos processos, 78
Matriz
    de desempenho × potencial, 107
    e capacitação, 112
    FOFA, 6
    SWOT, 5, 6
McClelland, David, 19
Melhores práticas, 158
Missão, 8, 34

Modelo
    de competências e gestão de talentos, 110
    de remuneração por competências, 140
Multiplicadores de conhecimento, 160

N
Negociação, 49

O
Observação, 68, 69
Open innovation, 151
Oportunidades, 7
Opportunities, 7
Organização, 50
Organograma, 56
Orientação
    de equipe, 37
    estratégica, 59
    para a ação, 49
    para o mercado, 49
    para os clientes, 37
    para resultado, 48

P
Parceria, 37
Participação acionária, 139
Patrocinador, 77
PDI (Plano de Desenvolvimento Individual), 111
Planejamento, 50
    estratégico de pessoal, 10
Plano
    de comunicação, 75
    privado de aposentadoria, 139
Pressuposições básicas, 25
Processos, 77
Projeto de instalações industriais, 81

Q
Questionário, 69
    para mapeamento de competências, 70

R
Realização de consultoria socioeconômica, 54
Recompensa, 139
Referenciais de desempenho, 46
Regra 70, 20 e 10, 112
Relatório Delors, 127
Remuneração, 137
    estratégica, 138
    funcional, 139
    por competências, 139, 140
    por habilidades, 139
    variável, 139
Retenção do conhecimento, 151
Robustez, 24
Rotatividade de pessoal, 13

S

Salário indireto, 139
Seleção, 93, 94
Sensibilização, 110
Serviços, 126
Sistema
    de gestão de competências, 8
    e orientação de processos, 37
Situação, 98, 99
Sponsor, 77
Stakeholder, 76
Strengths, 7
Sucessão, 131

T

Teoria(s)
    comportamental, 55
    contingenciais, 55
    dos traços, 55
Testes de QI, 20
Threats, 7
Tomada de decisão, 59
Trajetórias de carreira, 134
Transferência e compartilhamento de conhecimentos, 155
Treinamento, Desenvolvimento e Educação Corporativa (TDE), 159
Trilhas de desenvolvimento, 112
Turnover, 13

U

Universidades corporativas, 59, 123-125

V

Vale, 33-35
Valor(es), 8, 34
    compartilhados, 25
    de uma competência, 22
    percebido pelo cliente, 32
Verbos, 52
Visão, 8, 33

W

Weaknesses, 7

Pré-impressão, impressão e acabamento

grafica@editorasantuario.com.br
www.editorasantuario.com.br
Aparecida-SP